Peter F. Kinauer

Der Elefant im Kühlschrank

Peter F. Kinauer

Der Elefant im Kühlschrank

Machen Sie das Unmögliche möglich –
und Träume wahr

mvg Verlag

Bibliografische Information der Deutschen Bibliothek
Die Deutsche Bibliothek verzeichnet diese Publikation in der Deutschen Nationalbibliografie; detaillierte bibliografische Daten sind im Internet über http://dnb.ddb.de abrufbar.

Umschlaggestaltung: www.coverdesign.net
Redaktion: Kathrin Stachora
Satz: J. Echter, Redline GmbH
Druck und Bindearbeiten: Himmer, Augsburg
Printed in Germany
ISBN 978-3-636-06263-8

Ich widme dieses Buch
meiner über alles geliebten Frau Eva
Kinauer-Bechter, deren Liebe mein Leben
in den letzten 20 Jahren so überaus glücklich
und zufrieden gemacht hat.

Inhaltsverzeichnis

Vorwort

Und welche Rolle spielen Sie?

Das Leben – ein Film? Oder ein schlechter Fernsehabend? Und wenn schon – sind Sie Regisseur, Hauptdarsteller oder nur Zuschauer? Die verbreitetste Variante ist, dass das Lichtspiel an einem vorüberzieht. Nicht weil man bei der Zuteilung der tollen Rolle fehlte, sondern weil man sie nie anstrebte.

Peter F. Kinauer hat mehrere Jahrzehnte Rollenstudium hinter sich: Generaldirektoren, Abteilungsleiter, Verkäufer, Spitzensportler ... Erfolgreiche und Erfolglose. Er weiß, aus welchen Elementen die Lebensrolle eines Gewinners besteht. Er kennt den Spannungsbogen zwischen „Das schaffe ich nicht!" und dem Erreichen eines Platzes auf dem Siegerpodest.

Dieses Buch ist nicht nur auf der Grundlage großer und tief gehender menschlicher Erfahrung geschrieben, es verliert auf keiner Seite die Nähe zum konkreten, „anfassbaren" Leben.

Die Ängste, die in unserer schnelllebigen und zunehmend hart gewordenen Gesellschaft existieren (Arbeitsplatzverlust, Nichterreichen von Zielen), werden ebenso spannend dargestellt wie Erfolgsstrategien, mit denen Toppersönlichkeiten in Wirtschaft, Politik und Sport jeden Tag ihre Hindernisse überwinden.

Doch keine Angst! Mit diesem Buch kommt keine Anleitung „Wie schleime ich mich richtig nach oben“ auf Sie zu. Fragen wie „Machen Sie dauernd, was andere von Ihnen erwarten?“ oder „Was ist Mut?“ geben wichtige Impulse zur Entwicklung einer eigenen, unverwechselbaren Rolle.

Wenn ich es richtig gelesen habe, will Peter F. Kinauer den Lesern vor allem eines zurufen: „Seien Sie authentisch, seien Sie Sie selbst!“ (Oder versuchen Sie dorthin zu kommen.)

Dort, wo der Begriff „Philanthrop“ (Menschenfreund) geprägt wurde, schrieb Peter F. Kinauer sein neuestes, meiner Meinung nach dichtestes Buch: unter der unvergleichlichen Sonne Griechenlands. Er, der Menschenfreund, der in zahllosen Seminaren, TV- und Radiosendungen, Büchern und Vorträgen tausenden von Menschen half, das Licht des Erfolgs anzuknipsen, begeistert auch in diesem Werk mit seiner unerschütterlichen positiven Lebenseinstellung. Von ihm, der seine Rolle seit Jahrzehnten vorbildlich gestaltet, lässt sich viel für das eigene Lebensdrehbuch lernen. Ich wünsche Ihnen viele interessante Überraschungen!

Dietmar Dworschak

Danksagung

Viele Menschen waren Ideenspender für dieses Buch. Ihnen allen gebührt mein aufrichtiger Dank. Die interessanten Geschichten vieler Seminarteilnehmer und die spannenden Erzählungen erfolgreicher Menschen, die ich traf, fließen in die einzelnen Kapitel ein. Ich sprach aber auch mit Frauen und Männern, die auf den großen Erfolg noch warten. Auch ihre Schicksale habe ich in diesem Buch verarbeitet.

Einigen Personen, die mich darin bestärkten, dieses Buch zu schreiben, möchte ich ganz besonders herzlich danken. Ich danke meinem Freund, Weltbestsellerautor John Naisbitt, und seiner Frau Doris für die interessanten Gespräche und die wertvollen Tipps. Heinz Ludwig – einer der weltbesten Krebsspezialisten – half mir mit seinen Erfahrungsberichten sehr.

Mein lieber Freund Dietmar Dworschak – er ist Herausgeber mehrerer Printmedien und Spezialist für Unternehmenskommunikation – verfasste nicht nur das Vorwort, sondern nahm sich auch im Vorfeld viel Zeit für die Diskussion mit mir und leistete so einen wertvollen Beitrag zur Gliederung dieses Buches. Danke!

Danke an Martin Kubesch, leitender Redakteur eines großen österreichischen Magazins, für die Unterstützung bei meinen Recherchen sowie deine wertvollen Anregungen und Ideen. Ein besonderer Dank an Katharina Schüller-Weinrother, Communications-Managerin in einem großen Unternehmen, für die Durchsicht des Manuskripts und die Überarbeitung einiger Kapitel. Meine Assistentin Renate Fischer wendete viele Arbeitsstunden auf, um das Manuskript zu korrigieren und abgabefertig zu machen. Herzlichen Dank für deinen bedingungslosen Einsatz und die guten Ideen!

Susanne Frank, Programmchefin des mvg-Verlags, vertrat das vorliegende Buchprojekt mit großer Begeisterung und ermöglichte die Realisierung. Danke!

Dieses Buch entstand auf Kreta. Für die großartige Gastfreundschaft und eine Atmosphäre, welche die Kreativität, die Inspiration und die Freude an der Arbeit enorm steigerten, möchte ich mich bei Theodoros Frangos, Generaldirektor des Hotel Blue Palace, und seinem Team besonders herzlich bedanken.

Meiner Frau Eva Kinauer-Bechter möchte ich für die kritische Auseinandersetzung mit dem Thema, die analytische Betrachtungsweise, die wichtigen Hinweise und Änderungsvorschläge danken. Du warst eine unersetzliche Hilfe bei der Entstehung dieses Buches!

Wien, im Januar 2006

Einführung: Der Elefant im Kühlschrank

Ich möchte Ihnen mit diesem Buch dabei helfen, sich Ihren Lebenstraum zu erfüllen. Ich möchte, dass Sie dem Leben, von dem Sie träumen, einen wesentlichen Schritt näher kommen.

Eine wichtige Voraussetzung dafür ist, dass Sie dieses Buch als *Arbeitsbuch* für Ihre erfüllte, glückliche und erfolgreiche Zukunft einsetzen. Lesen Sie nicht alle Kapitel auf einmal. Lassen Sie sich Zeit und arbeiten Sie an dem, wozu Sie im jeweiligen Kapitel aufgefordert werden. Wenn es Ihnen mehr Spaß macht, dann lesen Sie das Buch einfach vom Anfang bis zum Ende durch und beginnen Sie dann nochmals von vorn – aber jetzt sollten Sie mit dem Bearbeiten der Aufgaben in den einzelnen Kapiteln beginnen.

Dabei spielt es keine Rolle, wie lange Sie dafür brauchen. Das Einzige, was zählt, ist, dass Sie sich wirklich Zeit nehmen. Ich möchte, dass Sie vom „Unmöglichkeitsdenker“ zum „Möglichkeitsdenker“ werden. Damit das klappt, müssen Sie bereit sein, daran zu glauben, dass es auch Lösungen für Situationen gibt, die im Augenblick ausweglos erscheinen.

Das Geheimnis ist, dass man bereit sein muss, über den eigenen Tellerrand hinauszublicken. Wie oft erlebten Sie in den letzten Jahren, dass irgendjemand ein Problem löste, von dem Sie annahmen, dass es nicht lösbar sei? Immer wenn etwas Unmögliches gelöst wird, erscheint es im Nachhinein ganz einfach und leicht. Irgendjemand sprengte seine geistigen Grenzen und fand eine kreative Lösung, um die Sache in den Griff zu bekommen. Zur Überraschung aller löste er/sie das Problem tatsächlich.

Jetzt zum Elefanten im Kühlschrank. Bevor Sie die Aufgabe, die Ihnen gestellt wird, in Angriff nehmen, ein Tipp: Bleiben Sie locker und entspannt. Dadurch ist es Ihnen möglich, Ihre Kreativität zu entfalten, um die Lösung zu finden. Ihr erster Gedanke sollte nicht sein: „Das ist unmöglich, das geht nicht", sondern: „Es gibt sicher einen Weg, ich sehe ihn nur noch nicht!" Damit haben Sie gleich zu Beginn dieses Buches den ersten Schritt zum Möglichkeitsdenker gemacht!

Hier ist die erste Frage: *Wie bringen Sie einen Elefanten in einen Kühlschrank?*

Die Lösung: Tür auf, Elefant rein, Tür zu – vorausgesetzt, der Kühlschrank ist groß genug.

Frage zwei: *Wie bringen Sie eine Giraffe in den Kühlschrank?*

Lösung: Tür auf, Elefant raus, Giraffe rein, Tür zu.

Vielleicht denken Sie jetzt: „So ein Unsinn!" oder „Haha, ich habe mir gedacht, dass es da irgendeine verrückte Lösung gibt". Ich stellte diese und die folgenden Fragen sehr vielen Menschen und erhielt viele verschiedene Antworten – angefangen von Elefanten in Dosen, ähnlich wie Tunfisch, über „Das ist unmöglich, das geht nicht" bis hin zu „Tür auf, Elefant rein, Tür zu". Fazit ist, dass die kreativen Möglichkeitsdenker fast immer auf Anhieb die richtige Lösung parat hatten.

Wenn Sie mehr (Lebens-)Erfolg haben möchten, müssen Sie manchmal über die Grenzen Ihres jetzigen Denkens hinausgehen, damit Sie Ihr Leben besser meistern als bisher. Wenn Sie bereit sind, Ihre geistigen Grenzen zu überwinden, haben Sie eine echte Chance, Ihre Zukunft selbst zu gestalten. Wenn Sie weiterhin denken wie bisher, dann wissen Sie, dass sich Ihre Zukunft genauso entwickeln wird wie Ihre Vergangenheit. Verändern Sie Ihre Denkart und machen Sie mehr aus Ihrem Leben!

Bevor wir zur nächsten Frage kommen, sollten Sie wissen, dass Sie über ein riesiges kreatives Potenzial verfügen, welches nur darauf wartet, eingesetzt zu werden. Sind Sie bereit?

Hier ist die nächste Frage: *Der Löwe – bekanntlich der König der Tiere – berief eine Konferenz ein, an der alle Tiere dieser Erde teilnehmen, mit Ausnahme eines einzigen Tieres. Welches Tier ist das?*

Die Antwort ist einfach: Die Giraffe nimmt nicht an der Konferenz der Tiere teil, sie ist ja noch im Kühlschrank.

Nächste Frage: *Sie kommen an einen Fluss, der die Heimat der wildesten Menschen fressenden Krokodile ist. Sie wollen über den Fluss, aber es gibt weder ein Boot noch eine Brücke, über die Sie gehen können. Wie kommen Sie unbeschadet über den Fluss?*

Antwort: Sie schwimmen über den Fluss und es wird Ihnen nichts passieren. Alle Krokodile nehmen ja an der Konferenz der Tiere teil.

Die letzten beiden Fragen stellen für die meisten Menschen keine große Hürde mehr dar, weil sie sich bereits daran gewöhnt haben, kreativer und „verrückter" zu denken. Und wie ist es mit Ihnen? Sind Sie bereit, Ihr Leben zu verändern, bereit für den ersten Schritt vom Lebenstraum zum Traumleben?

Dann lassen Sie Ihrer Kreativität, Ihrem Ideenreichtum freien Lauf – jetzt!

1

Das Leben ist schön!

Eine junge Frau kam zu einem Vorstellungsgespräch etwa 15 Minuten zu früh und musste beim Portier eine Weile warten. Um sich die Wartezeit zu verkürzen, fragte sie den Portier, wie denn das Betriebsklima so sei. Der Portier fragte die junge Dame, wie das Betriebsklima in der Firma sei, in der sie derzeit arbeitete.

Die junge Frau antwortete: „Das Klima in meiner derzeitigen Firma ist ausgesprochen schlecht. Es gibt viel Streit unter den Mitarbeitern, Missgunst und Neid. Niemand ist hilfsbereit und die Vorgesetzten üben enormen Druck aus. Niemand wird gelobt, es ist einfach furchtbar, dort zu arbeiten." Der Portier schaute sie freundlich an und sagte: „Da haben Sie wirklich Pech, hier ist es ganz genauso."

Zwei Tage später kam ein junger Mann zu einem Vorstellungsgespräch in dieselbe Firma. Auch er kam etwas zu früh und fragte den Portier nach dem Betriebsklima. Der Portier fragte den jungen Mann nach dem Klima in der Firma, für die er im Augenblick arbeitete.

Der junge Mann lächelte und antwortete: „Dort, wo ich jetzt arbeite, ist alles wunderbar. Wir haben ein tolles Betriebsklima, alle Kolleginnen und Kollegen sind immer gut aufgelegt und wir haben viel Spaß bei der Arbeit. Unsere Vorgesetzten sind angenehm und bemerken auch, wenn jemand seine Sache gut macht. An sich würde ich gern im Unternehmen bleiben, aber ich heirate nächsten Monat und ziehe in diese Stadt um. Deshalb muss ich mir einen neuen Job suchen." – „Sie haben Glück", antwortete der Portier, „hier ist es genauso wie dort, wo Sie jetzt arbeiten."

Vielleicht war das Betriebsklima im Unternehmen der jungen Dame wirklich schlecht. Möglicherweise übten ihre Vorgesetzten wirklich Druck aus und die Kollegen waren tatsächlich nicht hilfsbereit. Es kann aber auch sein, dass die junge Frau im falschen Bereich eingesetzt war und deshalb keinen Spaß an der Arbeit hatte. Vielleicht hatte sie wenig Lebensfreude, weil ihr Privatleben, ihre Partnerschaft nicht harmonisch und glücklich waren.

Es ist eine bekannte Tatsache, dass Unzufriedenheit und Unglücklichsein in einem Lebensbereich unser Leben in allen anderen Bereichen negativ beeinflussen. Aber nicht nur wir selbst, sondern auch unsere Umwelt, das heißt alle Menschen, mit denen wir es zu tun haben, reagieren auf unser Verhalten und werden innerhalb kürzester Zeit zum Spiegel unseres Gefühlslebens. Wir können uns noch so bemühen, nur positive Gedanken zu haben – beurteilt werden wir immer nach unserem Verhalten.

„Lächle und die Welt lächelt zurück", lautet immer wieder das Gesetz der Anziehungskraft. Nichts ist so ansteckend wie ein freundliches Lächeln. Machen Sie es sich zur Gewohnheit, der Welt mit einem Lächeln zu begegnen, und Sie werden sehen: Die Welt lächelt zurück!

Freuen Sie sich über die kleinen, scheinbar unbedeutenden Dinge des Lebens – über eine kleine Blume am Wegesrand, über das Liebeswerben des Täuberichs in der Fußgängerzone. Lächeln Sie, wenn Sie spielende Kinder beobachten, statt sich über den Lärm, den sie machen, zu ärgern. Freuen Sie sich über kleine Erfolge. Sie sind wichtige Schritte auf Ihrem Weg zum Ziel.

Sie haben gerade einem älteren Menschen über die Straße geholfen. Freuen Sie sich über das dankbare Lächeln! Das Leben kann so schön sein, Sie müssen es nur zulassen! Vielleicht sind Sie sehr krank und verzweifelt. Geben Sie die Hoffnung nicht auf! Natürlich ist die erste Reaktion auf eine niederschmetternde Diagnose sehr oft: „Warum gerade ich?" Diese Reaktion ist ganz normal. Wer ist schuld an unserem Unglück? Die Eltern, die Erbanlagen, der liebe Gott, die Umwelt, der Partner? Grübeln bringt uns nicht weiter, also lassen Sie es lieber.

Viel wichtiger als grübeln und mit seinem Schicksal hadern ist die nächste Frage, die Sie sich stellen müssen: „Was kann ich tun – jetzt?“ Sie werden die Erfahrung machen, dass es – auch wenn die Diagnose noch so niederschmetternd ist – immer wieder einen Lichtblick gibt: ein wenn auch sehr kleiner Genesungsfortschritt oder ein Nachlassen der Schmerzen. Sie werden feststellen, dass Ihnen positive Kleinigkeiten auffallen, die für Sie bisher bedeutungslos waren. Geben Sie sich dem Genuss solcher Momente intensiv hin und das Leben ist mit einem Mal wieder lebenswert und schön.

Vor etwa einem Jahr wurde bei mir im Rahmen einer ganz normalen Vorsorgeuntersuchung Prostatakrebs diagnostiziert. Eine nicht gerade aufbauende Diagnose. Mein Arzt meinte, es sei vermutlich nicht so tragisch. Trotzdem schlug er mir vor, nach Hause zu gehen und alle Angelegenheiten zu regeln, was im Klartext heißt, sich auf den möglichen Tod vorzubereiten. Das bedeutet, dass für den Fall der Fälle alles geregelt sein sollte, damit die Familie es nachher so leicht wie möglich hat. Es bedeutet, sich von allem, was man liebt, von der Frau, von der Tochter, von den Freunden, von der Arbeit, einfach vom Leben zu verabschieden.

Trotzdem haderte ich in den acht Wochen bis zur Operation niemals mit meinem Schicksal, stellte mir nie die Frage: „Warum gerade ich?“ Die einzige Frage, die ich mir stellte, war: „Was kann ich tun, um meine Situation zu verbessern?“

So nah am Tod war ich noch nie und ich hoffe, dass ich in den nächsten Jahrzehnten nicht noch einmal so nah dran sein werde. Für niemanden ist der Gedanke ans Sterben erfreulich. Selbst diejenigen, die in den Himmel wollen, sterben nicht, um dorthin zu gelangen.

Nach der Biopsie wurde ich operiert und es geht mir heute gut. Nach einer langen Woche hatte ich die Gewissheit, dass ich vom Krebs befreit bin. Am zweiten Tag nach der Operation durfte ich aufstehen und am fünften Tag rief ich in der urologischen Abteilung den „Lächeltag“ ins Leben und trug so für ein paar Stunden zur Hebung der allgemeinen Stimmungslage und damit zur Verbesserung der Lebenssituation von Patienten, Ärzten und Pflegepersonal bei.

Eine positive Lebenseinstellung und der Blick nach vorn helfen uns auch in schwierigen Situationen, unseren Lebensmut zu bewahren und nach Lösungen zu suchen. Sein Schicksal andauernd zu beklagen brachte noch niemanden weiter.

Vielleicht haben Sie eine gute Ausbildung und sind trotzdem arbeitslos. Sie finden keine Ihrer Ausbildung entsprechende Arbeit. Die fröhlichste und kompetenteste Kellnerin in einem meiner Lieblingslokale ist Doktor der Chemie! Sie fand in ihrem Beruf keine geeignete Stelle. Also nahm sie, um sich über Wasser zu halten, eine Stelle als Kellnerin an. Seit sie in diesem Lokal arbeitet, ist die Stimmung bei Gästen und Mitarbeitern wesentlich besser als früher. Die Gäste kommen gern, weil sie sich wohl fühlen. Und alle genießen die neue überaus positive Atmosphäre. Selbst der Kellner, der als Stimmungsmuffel bekannt war, strahlt auf einmal sehr viel Positives aus.

Vielleicht lehnten Sie in der Vergangenheit Arbeit ab, weil Sie überqualifiziert waren. Eine der wichtigsten Fähigkeiten in unserer Zeit lautet „Flexibilität". Springen Sie doch einmal über Ihren Schatten! Sehen Sie nicht immer nur das, was Ihrer Meinung nach unmöglich ist. Denken Sie nicht immer daran, dass Sie überqualifiziert sind, sondern sehen Sie die Möglichkeiten!

Als Danja Haslacher, sechsfache Olympiasiegerin und vielfache Weltmeisterin im Behindertenschilauf, mit 17 Jahren bei einem Mofa-Unfall ihr linkes Bein verlor, brach für sie eine Welt zusammen. Im Rehabilitationszentrum stellte sie fest, dass es Menschen gibt, denen es viel schlechter geht als ihr. Heute ist sie sowohl im Beruf als auch im Sport sehr erfolgreich. Aber, und das ist noch viel wichtiger, es begegnet Ihnen eine überaus fröhliche und positive junge Frau, die sagt, dass dieser schreckliche Unfall trotz aller negativen Folgen das wichtigste Ereignis in ihrem Leben war.

Sie hat gelernt, dass das Leben viel Positives zu bieten hat, man muss es nur erkennen und annehmen. Lance Armstrong, siebenfacher Sieger der Tour de France, überwand den Krebs. Er gewann nicht nur die Tour, sondern rief auch eine weltumspannende Krebshilfe ins Leben, die sich durch den Verkauf von Kautschukarmbändern finanziert.

Wo sind Ihre Möglichkeiten? Erkennen Sie sie und denken Sie nicht immer an das, was Ihrer Meinung nach nicht möglich ist. Sie sollen kein Unmöglichkeitsdenker sein, sondern ein Möglichkeitsdenker – ein Optimist! Seien Sie Optimist, weil Sie zuversichtlich sind, dass die Sonne auch morgen aufgehen wird, weil auch morgen Kinder geboren werden. Seien Sie Optimist, weil Sie wissen, dass – was immer morgen geschieht – Sie daran teilhaben können. Irgendwie, auf irgendeine Weise.

Als Optimist werden Sie viele Möglichkeiten sehen, gerade bei Problemen. Probleme sind der Preis des Fortschritts. Optimisten wissen, dass sie ständig neue Träume gestalten können. Für uns Optimisten sind Rückschläge nicht das Ende aller Tage, sondern Ansporn, um nach anderen Wegen zu suchen, um ein Vorhaben zu verwirklichen.

Seien Sie Optimist, weil in der Menschheit die Liebe viel schwerer wiegt als der Hass. Optimismus verändert alles. Füttern Sie Ihre Mitmenschen und sich selbst mit Optimismus, nicht mit Pessimismus oder gar mit Hass.

Geben Sie jedem Tag die Möglichkeit, der beste in Ihrem Leben zu werden. Das sollte ab sofort Ihr Motto sein: „Heute ist der erste Tag vom Rest meines Lebens!“

Nehmen Sie die Dinge so, wie sie kommen. Sorgen Sie aber auch dafür, dass sie so kommen, wie Sie sie haben möchten.

Haben Sie Vertrauen in sich selbst und Sie werden die Erfahrung machen: Das Leben ist schön!

2

Wenn Sie es träumen können, können Sie es auch schaffen

Lernen Sie daran zu glauben, dass Ihre Träume wahr werden, und Sie werden viel Freude, anregende Spannung und Begeisterung erleben.

Denken Sie nicht andauernd nur in Problemen. Betrachten Sie jedes Problem als Herausforderung, eine schwierige Situation zu lösen. Wenn Sie immer nur in Problemen denken, blockieren Sie wichtige Teile Ihres Gehirns, die Sie aber benötigen, um kreative Lösungsansätze zu finden. Vertrauen Sie darauf, dass das Unmögliche möglich werden kann.

Wovon träumen Sie? Träumen Sie von einer neuen beruflichen Herausforderung, von einem Eigenheim, dessen Anschaffung in weiter Ferne liegt, davon, eine bestimmte Frau oder einen Mann zu erobern? Träumen Sie davon, in Ihrer Partnerschaft wieder glücklich zu sein, gesund zu werden, Ihren Zustand zu verbessern, oder davon, endlich der Arbeitslosigkeit zu entkommen?

Träumen Sie groß! Ihr Traum kann gar nicht groß genug sein. Es spielt keine Rolle, wenn es Ihnen im Augenblick unmöglich erscheint, ihn zu realisieren.

Nehmen Sie sich ausreichend Zeit, um Ihren Traum zu beschreiben. Notieren Sie, was Sie immer schon besitzen wollten, was Sie immer schon tun wollten, was Sie immer schon sein wollten. Lassen Sie die Vision kommen, die Sie in Ihrem Leben umsetzen und erschaffen möchten. Beginnen Sie zu schreiben, indem Sie den Stift ansetzen, die Worte fließen lassen und neugierig sind auf das, was Ihnen jetzt so in den Sinn kommt. Lassen Sie Ihre Gedanken und Ideen völlig unbewertet fließen. Schreiben Sie alles auf, was Ihnen jetzt einfällt, was Sie gern in Ihrem Leben verwirklichen, erleben, sehen, hören und spüren möchten. Überlegen Sie nicht, ob Sie Ihren Traum verwirklichen können, sondern lassen Sie es einfach geschehen. Lassen Sie die Ideen kommen und schreiben Sie sie ohne Unterbrechung auf.

Wenn die dafür vorgesehenen Zeilen (unten) nicht ausreichen, um Ihren Traum zu beschreiben und all Ihre Ideen aufzunehmen, besorgen Sie sich ein leeres Blatt Papier und lassen Sie Ihrer Fantasie freien Lauf. Lassen Sie sich nicht durch finanzielle oder sonstige Probleme in Ihrer Kreativität einschränken!

Mein größter Traum:

____

____

____

____

____

____

____

____

Sie wissen, dass der Glaube Berge versetzt. Engen Sie Ihre Fantasie durch Gedanken wie: „Das schaffe ich nie“ oder „Das wird nie gehen“, „Dazu bin ich einfach nicht clever genug“ nicht ein, sondern schreiben Sie völlig unvoreingenommen alles auf, was Ihnen zu Ihrem größten Traum einfällt.

3

So werden Ihre Träume Wirklichkeit

Im vorigen Kapitel haben Sie Ihren Lebenstraum beschrieben. Der nächste Schritt ist, Ihren (vielleicht unmöglich erscheinenden) Traum zu verwirklichen.

Zuerst einmal müssen Sie Gründe dafür finden, warum Sie Ihren Lebenstraum in jedem Fall verwirklichen möchten. Stellen Sie sich die Frage, warum es für Sie so wichtig ist, sich gerade diesen Traum zu erfüllen. Nur dann, wenn aus der Frage nach dem Warum in Verbindung mit der Antwort – die sinngemäß mit dem Wörtchen „weil" beginnt – eine ganz starke Motivation entsteht, sind Sie auch in der Lage, Rückschläge und Misserfolge zu verkraften und Entbehrungen, die Sie in Kauf nehmen müssen, nicht als Mangel zu empfinden.

Als ich mein Buch „Mit Power aus der Single-Falle" schrieb, war mit dem mvg-Verlag vereinbart, dass das Manuskript bis Ende Juni 2003 beim Verlag abzugeben ist. Das bedeutete, dass ich an den Wochenenden von März bis Juni am

Manuskript arbeitete. Meine Freunde wissen, dass ich ein begeisterter – wenn auch ziemlich schlechter – Golfer bin, und bedauerten mich entsprechend, dass ich an keinem Wochenende Golf spielen konnte. Das Manuskript musste fertig werden. Ich arbeitete so begeistert an dieser neuen Herausforderung, dass die „verlorenen" Golftage für mich überhaupt keinen Verzicht bedeuteten. Ende Juni lieferte ich stolz das Manuskript ab. Ich hatte ein starkes Warum.

Lassen Sie jetzt ein ganz starkes Warum entstehen – warum die Verwirklichung Ihres Traumes zu Ihrem Leben gehört und Sie alles daransetzen werden, diesen Traum, Ihren Lebenstraum zu realisieren.

Schreiben Sie im Anschluss auf, warum es sich für Sie lohnt, Ihren Traum zu verwirklichen. Welche Motive haben Sie?

Der nächste Schritt

Schreiben Sie zehn Lösungsansätze beziehungsweise Ideen auf, die es ermöglichen, Ihren Traum zu realisieren. Lehnen Sie sich gemütlich in Ihrem Stuhl zurück oder legen Sie sich auf eine bequeme Couch und stellen sich vor, Sie hätten Ihr Ziel bereits erreicht. Erleben Sie in allen Einzelheiten das tolle Gefühl, Ihren Traum verwirklicht zu haben. Genießen Sie das angenehme Gefühl, den Traum zu leben.

Blicken Sie jetzt in Gedanken zurück und überlegen Sie entspannt, welche Schritte, Ideen und Strategien notwendig waren, um dorthin zu kommen. Machen Sie sich dabei keinerlei mentalen Druck. Halten Sie sich immer vor Augen: Sie haben es bereits geschafft. Jetzt blicken Sie einfach zurück. Lassen Sie vor Ihrem geistigen Auge ein Bild entstehen. Im Kopf haben Sie das Ziel erreicht. Jetzt erinnern Sie sich ganz einfach an die einzelnen Schritte, die notwendig waren, um dorthin zu gelangen, wo Sie jetzt stehen.

Möglicherweise funktioniert dieser Rückblick nicht auf Anhieb. Verzweifeln Sie nicht, sondern bleiben Sie dran – auch wenn es Ihnen noch so schwer fällt.

Als ich zum ersten Mal den „mentalen Rückblick“ anwendete, brauchte ich bis zum ersten Ergebnis vier lange Wochen. Dann war die Blockade durchbrochen und es ging von da an wesentlich leichter.

Engen Sie Ihre Kreativität nicht dadurch ein, dass Sie bei jeder neuen Idee als Erstes überlegen, warum es nicht möglich sein wird, gerade diesen Punkt zu realisieren. Schreiben Sie alles auf, was Ihnen in den Sinn kommt. Veranstalten Sie mit sich selbst ein Brainstorming! Verbannen Sie negative Gedanken. Der Elefant hat Platz im Kühlschrank!

Sie wissen: Alles ist möglich! Sie haben sich auf einen Traum festgelegt, jetzt müssen Sie es auch für möglich halten, dass es Mittel und Wege gibt, ihn Realität werden zu lassen.

Schreiben Sie hier die Rekonstruktion Ihres Weges auf, das Ergebnis Ihres mentalen Rückblicks:

1. ______________________________
2. ______________________________
3. ______________________________
4. ______________________________
5. ______________________________
6. ______________________________
7. ______________________________
8. ______________________________
9. ______________________________
10. ______________________________

4

Der Weg ist das Ziel

Jetzt haben Sie mental nachvollzogen, was Sie unternommen haben, um Ihren Traum wahr werden zu lassen. Stellen Sie sich doch einmal die Frage: Hat irgendjemand Ihren Traum schon realisiert? Ja, es gibt jemanden? Versuchen Sie möglichst viele Details in Erfahrung zu bringen. Gibt es Literatur über diesen Menschen, vielleicht sogar eine Biografie? Lesen Sie alles, was Sie darüber bekommen können.

Es gibt keine Biografie, keine Zeitungsartikel oder Ähnliches? Dann versuchen Sie es mit Gesprächen – vielleicht kennen Sie jemanden, der die Zielperson kennt – und sagen Sie, dass diese Person Ihr ganz großes Vorbild ist. Bitten Sie um Hilfe bei der Herstellung eines Kontakts. Wenn Sie nicht fragen, wird Ihnen auch nicht geholfen. Ist der Kontakt einmal hergestellt, erhalten Sie, sofern Sie die richtigen Fragen stellen, wertvolle Informationen. Geben Sie nicht auf, nur weil Sie meinen, dass es schwierig ist. Erfolgreiche Menschen reden gern darüber, wie sie es geschafft haben. Bereiten Sie sich auf das Gespräch vor. Sie müssen genau wissen, was Sie fragen wollen, um die richtigen Informationen zu bekommen.

Suchen Sie sich interessante Menschen als Gesprächspartner – Leute, die über Dinge Bescheid wissen, über die Sie wenig oder gar nichts wissen. Achten Sie auf das, was die anderen zu sagen haben, und erweitern Sie so Ihr Wissen. Lernen können Sie nur, wenn Sie zuhören. Das, was Sie selbst zu sagen haben, wissen Sie ja bereits. Wenn Sie Ihren Horizont erweitern wollen – hören Sie zu! Der Kumpel, mit dem Sie nach der Arbeit gern einmal auf ein Bier gehen, wird nicht immer der richtige Gesprächspartner sein. Gehen Sie auch weiterhin mit Ihrem Arbeitskollegen ein Feierabendgläschen trinken. Aber halten Sie auch Ausschau nach jemandem, von dem Sie lernen können.

Gewöhnen Sie sich an, Fragen zu stellen, und haben Sie keine Angst, dass Ihre Fragen dumm sein könnten. Es gibt keine dummen Fragen, sondern nur dumme Antworten.

Für mein letztes Buch „Auf der Spur der Sieger" (Linde Verlag, 2003) interviewte ich 29 erfolgreiche Frauen und Männer aus Wirtschaft, Medizin, Kunst und Sport, um etwas über die Geheimnisse ihres Erfolgs zu erfahren. Welche Strategien wandten sie an, um dorthin zu kommen, wo sie heute sind? Neben den wertvollen Informationen, die ich dabei erhielt, machte ich noch eine interessante

Erfahrung: Alle Gesprächspartner gaben mir ohne Ausnahme bereitwillig und offen jede gewünschte Information. Sie müssen nur den Mut aufbringen, zu fragen. Niemand wird Sie zurückweisen!

Arnold Schwarzenegger zum Beispiel verfolgte seine Ziele konsequent, ehrgeizig und mit aller Kraft. Hätte er das nicht getan, wäre aus ihm nicht geworden, was er ist: nach einer beispiellosen Karriere als Bodybuilder und Schauspieler ist er heute Gouverneur von Kalifornien (über Arnold gibt es zumindest fünf Biografien – ich habe sie alle gelesen und viel aus ihnen gelernt –, lesen Sie wenigstens eine).

Sammeln Sie über Ihr Vorbild alle Informationen, die Sie bekommen können, über die Strategien, Ideen und über die Kenntnisse, die Sie sich unter Umständen aneignen müssen. Vielleicht kennen Sie diese Person persönlich. Fragen Sie nach allem, was Sie wissen möchten. Man hilft Ihnen gern.

Überprüfen Sie so genau wie möglich, welche Eigenschaften und Verhaltensweisen diese Menschen haben, woran sie glauben. Was ist für diese Person(en) charakteristisch? Studieren Sie, was diese Menschen tun und getan haben, um zu ihrem Erfolg zu kommen. Dann übertragen Sie diese Strategien – und zwar nur den Teil der Strategien, der zum Erfolg führte – auf Ihre Person. Wichtig: Bleiben Sie immer Sie selbst! Sie sollen keine billige Kopie Ihres Vorbilds werden!

Das Wissen um die Strategien Ihres Vorbilds und der mentale Rückblick auf Ihren persönlichen Erfolg werden Ihnen bei der Verwirklichung Ihres Lebenstraums helfen! Sie kennen keinen interessanten Menschen? Dann machen Sie sich auf die Suche – jetzt!

5

Ihr persönlicher Weg zum Erfolg

Machen Sie jetzt bitte nicht den Fehler, wie wild auf das Ziel loszustürmen. Erarbeiten Sie zu jedem einzelnen Punkt, den Sie im vorigen Kapitel notiert haben, einen Plan und eine genaue Strategie, die dazu geführt haben könnte, dass Sie Ihr Ziel erreicht haben. Halten Sie alles schriftlich fest.

In diesem Zusammenhang möchte ich Ihnen eine interessante Studie der Universität Yale, USA, vorstellen. Den Studenten eines Abschluss-Semesters wurde eine Frage gestellt: „Haben Sie Ihre Ziele schriftlich fixiert?" Das Ergebnis: Nur drei Prozent hatten das getan. 20 Jahre später wurden die Absolventen nochmals interviewt. Das sensationelle Ergebnis: Jene drei Prozent, die ihre Ziele schriftlich fixiert hatten, waren messbar erfolgreicher: Sie hatten mehr Vermögen angehäuft als die restlichen 97 Prozent zusammen! Es lohnt sich also, alles aufzuschreiben, auch wenn es manchmal etwas mühsam erscheint!

Überdurchschnittlicher Einsatz ist nur dann möglich, wenn man seinen Lebenstraum leidenschaftlich und mit jeder Faser seines Herzens begehrt. Wenn Sie Ihre Ziele mit aller Leidenschaft und Begeisterung, die Ihnen zur Verfügung stehen, begehren, wenn Sie ein starkes Warum haben, wird Sie nichts auf dem Weg nach oben aufhalten können! Also, packen Sie's an!

Das werde ich konkret unternehmen, um meinen Traum zu realisieren:

Was konkret bis heute in einer Woche?	Zieldatum	Erreicht
1.		
2.		
3.		

Was konkret bis heute in einem Monat?	Zieldatum	Erreicht
1.		
2.		
3.		

Was konkret bis heute in sechs Monaten?	Zieldatum	Erreicht
1.		
2.		
3.		

Was konkret bis heute in zwölf Monaten?	Zielda-tum	Er-reicht
1.		
2.		
3.		

Notieren Sie die geplanten Zielsetzungen in Stichwörtern und erstellen Sie auf einem separaten Blatt Ihren persönlichen Aktionsplan. Beginnen Sie sofort mit seiner Umsetzung! Es gibt keinen vernünftigen Grund, nicht sofort an der Erfüllung Ihres Traumes zu arbeiten.

Halten Sie sich immer vor Augen: Der Erfolg ist Ihnen sicher, weil Sie wissen: Sie schaffen es! Manchmal kann es vorkommen, dass Sie frustriert und verzweifelt aufgeben wollen, weil Sie ein Ziel oder ein Teilziel nicht erreicht haben. Wenn Sie jetzt resignieren, ist der Leistungs- und Motivationsabbau vorprogrammiert.

Konditionieren Sie sich jetzt mental: Lehnen Sie sich zurück und stellen Sie sich vor: Sie haben erreicht, was Sie sich vorgenommen haben. Sehen Sie, hören Sie, empfinden Sie mit all Ihren Sinnen, wie toll es ist, das zu erreichen, was Sie im Kopf bereits erreicht haben. Und Sie werden sich mit neuem Elan und neuen Ideen auf den Weg zum Erfolg begeben. Hin und wieder ist ein kleiner Spaziergang im Park ohne Ziel und Zeitlimit sehr hilfreich. Denken Sie während Ihrer Auszeit im Park oder in der freien Natur nicht unentwegt krampfhaft an das, was Sie erreichen wollen.

Genießen Sie ganz einfach die Natur. Danach gehen Sie mit neuer Kraft wieder an die Arbeit.

Vielen Menschen hilft auch regelmäßiges Entspannungstraining. Für andere ist ein Besuch in einer Kirche hilfreich. Dort genießen Sie die angenehme Ruhe. Wieder andere schöpfen Kraft aus Bildern von Menschen, die sie lieben, oder aus Bildern, die ihren Traum darstellen oder symbolisieren.

Es gibt kein allgemein gültiges Rezept dafür, woraus der Einzelne Kraft schöpfen kann. Experimentieren Sie ein wenig und bald schon kennen Sie Ihre ganz persönliche Kraftquelle. Vielleicht gibt es auch einen Platz, den Sie als Ihren Kraftplatz bezeichnen – einen Ort, an dem Sie sich schon nach ganz kurzer Zeit ausgeruht und voll neuer Energie fühlen.

6

Die eigenen Stärken perfektionieren

Der Österreicher Felix Gottwald – Mitglied der Nationalmannschaft der Nordischen Kombinierer (Schispringen und Langlauf) – ist, gemessen an seinen Konkurrenten, ein eher mittelmäßiger Schispringer. Aber er ist ein sehr talentierter Langläufer. Diese Stärke hat er perfektioniert und wurde Weltmeister und Gesamtsieger im Weltcup.

Die Liste jener, die sich ihrer Stärken bewusst sind und diese konsequent verbessern, ist schier endlos. Wir finden diese Menschen überall. Sie haben ihre Fähigkeiten, Talente und Begabungen perfektioniert und dadurch ihre Erfolge eingefahren.

Viele Menschen bringen sich um mögliche Erfolge, weil sie sich überhaupt nichts zutrauen. Sie beneiden alle, die Erfolg haben, und sind innerlich davon überzeugt, dass sie es niemals schaffen werden. Es ist eine Tatsache, dass unsere Erfolge in der Regel unseren Erwartungen entsprechen. Wenn Sie erwarten und glauben, dass Sie ein ausgezeichneter Schiläufer oder ein Sprachgenie sind, setzen Sie psychische und physische Prozesse in Gang, die dazu beitragen, dass sich diese Erwartungen auch tatsächlich erfüllen. Wenn Sie glauben, auf andere Menschen wie eine lächerliche Figur zu wirken, werden Sie genau so wirken. Das Ergebnis entspricht Ihrer Erwartungshaltung. Ihre positive bzw. negative Selbsteinschätzung hat sich bewahrheitet.

Das Prinzip der sich selbst erfüllenden Prophezeiung hat nach wie vor Gültigkeit. Wenn Sie von vornherein damit rechnen, in einer bestimmten Sache schlecht abzuschneiden, sind Sie automatisch weniger motiviert. Sie investieren wesentlich weniger Energie und das Ergebnis wird erwartungsgemäß schlecht ausfallen.

Wie war das in der Schule? Mathematik-Schularbeit: Nach oberflächlichem Studium der Aufgaben kamen wir zu dem Schluss, dass sich die Anstrengung nicht lohnt, weil die Aufgaben einfach zu schwierig sind. Wir bemühten uns erst gar nicht richtig, weil es ohnehin sinnlos war. Das Ergebnis entsprach unseren Erwartungen.

Es ist auch sehr einfach zu sagen: „Ja, *du* kannst das, aber ich habe einfach nicht das Zeug dazu." Damit brauchen Sie es erst gar nicht zu versuchen. Viele Menschen leben mit destruktiven Selbstbildern und einer negativen Selbsteinschätzung, die sie daran hindern, ihre Begabungen zu entwickeln. – Machen Sie bitte die Übung im nächsten Kapitel!

7

Entdecken Sie Ihre Talente und Begabungen

Sie benötigen zur Realisierung Ihres Lebenstraums bestimmte Fähigkeiten, Talente, Begabungen und Stärken? Und Sie meinen, Sie würden nicht über die nötigen Ressourcen verfügen, um Ihr Ziel zu erreichen?

Ich behaupte: Das stimmt nicht! Haben Sie sich schon einmal ernsthafte Gedanken darüber gemacht, was Sie alles draufhaben müssen, um Ihren Traum zu verwirklichen? Ja? Und zu welchem Ergebnis kamen Sie?

Lassen Sie mich raten: „Ich schaffe das nicht" oder so ähnlich. Ich akzeptiere diese Antwort nicht, weil ich an Sie glaube – obwohl ich Sie gar nicht kenne –, und Sie sollten auch an sich glauben. Denken Sie positiv!

Und jetzt an die Arbeit: Stellen Sie eine Liste aller Eigenschaften oder Fähigkeiten auf, die Sie besitzen. Ihre Liste sollte mindestens 50 Eigenschaften bzw. Fähigkeiten umfassen. Dabei spielt es vorerst keine Rolle, ob Sie eine Fähigkeit oder Eigenschaft, über die Sie verfügen, nutzen oder nicht. Im Augenblick ist nur wichtig, dass Sie Ihr Potenzial klar erkennen.

Nehmen Sie sich Zeit für Ihre Potenzialanalyse. 50 Punkte schaffen Sie nicht in zehn Minuten. Lassen Sie sich Zeit – die Zeit spielt keine Rolle. Wichtig ist nur, dass Sie an der Liste arbeiten. Wenn Sie weniger als 50 Punkte haben, strengen Sie sich bitte noch ein wenig an. Es ist nicht so schwierig! Sie schaffen es!

Führen Sie jetzt eine Bewertung durch und benoten Sie die einzelnen Punkte:

10 Punkte bedeutet, dass Sie darin absolute Weltklasse wären, wenn Sie dieses Talent ausbauen würden.

1 Punkt bedeutet, dass Sie in diesem Punkt eher unbegabt sind. Selbst wenn Sie daran arbeiten würden, kämen Sie nicht wirklich damit weiter.

Sobald Sie mit Ihrer Bewertung fertig sind, befassen Sie sich mit jenen Punkten, die Sie als sehr gut beurteilt haben, aus denen Sie aber bis heute nichts gemacht haben. Stellen Sie sich vier Fragen:

1. Habe ich mich je wirklich bemüht, diese Dinge zu perfektionieren?
2. Welchen plausiblen Grund gibt es dafür, dass ich diese Fähigkeit(en) bisher nicht besonders ausgebaut habe?

3. Welche dieser Fähigkeiten macht mir Spaß und brächte mich, wenn ich sie perfektionierte, einen wichtigen Schritt weiter?
4. Welche Entschuldigung habe ich dafür, dass ich diese Fähigkeit(en) bisher brachliegen ließ?

Der nächste Schritt

Wählen Sie aus Ihrer Liste ein (sehr) gut bewertetes, aber bisher nicht genutztes Talent – etwas, das Sie auf Ihrem Weg zum Ziel weiterbringen würde.

Beginnen Sie es in die Tat umzusetzen – jetzt!

Und dann das nächste und das nächste ... Sie werden sehen: Es macht richtig Spaß, sich zu verbessern. Machen Sie weiter so!

8

Hören Sie niemals auf zu lernen

Sie müssen das Rad nicht neu erfinden – verbessern Sie es, das reicht. Eignen Sie sich alle Kenntnisse und Fertigkeiten an, von denen Sie glauben, dass sie Ihnen auf Ihrem Weg zur Verwirklichung Ihres Traums helfen. Erweitern Sie Ihren Wissenshorizont, indem Sie sich auch für Dinge interessieren, die nicht unmittelbar zu Ihrem Fachgebiet gehören. Hören Sie niemals auf zu lernen, ganz egal wie alt Sie sind, und bewahren Sie sich Ihre natürliche Neugier auf das Leben. Freuen Sie sich auf die Entdeckungen, die hinter den nächsten Biegungen Ihres Weges auf Sie warten. Sie werden sehen: Das macht Spaß!

Manchmal ist der Weg zum Ziel mühsam und bisweilen ziemlich steinig. Manchmal – nicht sehr oft – denkt man ans Aufgeben. Man hat das Gefühl, auf der Stelle zu treten und dem Ziel einfach nicht näher zu kommen. Machen Sie eine Pause und blicken Sie auf das bisher Erreichte.

Und mit einem Mal sind der Glaube an Ihre Fähigkeiten und Ihr Siegeswille wieder da.

Mit den Erfolgen wächst Ihr Selbstvertrauen und weitere Erfolge werden sich einstellen, dessen können Sie sicher sein! Geben Sie nicht auf. Niemals – das Einzige, was zählt, ist der Wille zum Sieg!

Ein besonderes Merkmal erfolgreicher Menschen ist, dass sie ihre Ziele konsequent, ehrgeizig und äußerst diszipliniert verfolgen und niemals aufhören, für ihre Überzeugungen zu kämpfen. Die erfolgreichsten Menschen der Vergangenheit und Gegenwart machten auch immer die meisten Fehler und erlitten die größten Misserfolge. Sie alle zeichnet aus, dass sie daraus gelernt haben.

Natürlich ist man am Anfang immer enttäuscht und frustriert. Das ist normal. Aber dieser Zustand darf nicht anhalten und Sie geistig blockieren. Sollten Sie einmal einen Rückschlag erleiden und das Gefühl haben, dass „nichts mehr geht", machen Sie nicht den Fehler, den eingeschlagenen Weg quasi mit dem Kopf durch die Wand weiterzugehen – koste es, was es wolle. Machen Sie es ganz anders: Lehnen Sie sich lächelnd zurück, schließen Sie die Augen und überlegen Sie ruhig und ohne Verkrampfung, welchen Weg Sie ab jetzt einschlagen werden, wie der Weg aussieht, der Sie Ihrem Traum wieder ein gutes Stück näher bringt. Lassen Sie Ihrer Kreativität freien Lauf – denken Sie an den Elefanten im Kühlschrank. Meistens sind die besten Lösungen sehr einfach.

Sehen Sie die Sache einfach so: Es ist Ihnen soeben gelungen, mit Erfolg einen Weg zu erkunden, der Sie nicht ans Ziel führt. Also sind Sie Ihrem Ziel schon einen Schritt näher gekommen. Denken Sie immer daran: Misserfolge sind das Salz in der Suppe des Lebens. Und jetzt gehen Sie Ihren Weg weiter!

9

Alle Menschen sterben, aber nur wenige haben gelebt

Ein 85-jähriger Mann, der wusste, dass er bald sterben würde, sagte: „Wenn ich noch einmal zu leben hätte, würde ich mehr Fehler machen. Ich würde versuchen, nicht so schrecklich perfekt sein zu wollen, dann würde ich mich mehr entspannen und vieles nicht mehr so ernst nehmen. Deshalb wäre ich ausgelassener und verrückter und würde mir nicht mehr so viele Sorgen um mein Ansehen machen. Ich würde mehr reisen und mehr Berge besteigen, mehr Flüsse durchschwimmen und mehr Sonnenuntergänge beobachten. Ich würde mehr Eiscreme essen. Ich hätte mehr tatsächliche Schwierigkeiten als nur eingebildete. Ich würde eher im Frühjahr und später im Herbst barfuß gehen. Ich würde mehr Blumen riechen, mehr Kinder umarmen und mehr Menschen sagen, dass ich sie liebe. Wenn ich noch einmal zu leben hätte, aber ich habe es nicht …“ (Quelle unbekannt)

Damit der Rückblick am Ende Ihres Lebens erfreulicher aussieht, sollten Sie die Ratschläge im nächsten Kapitel befolgen.

10

Existieren Sie nicht – leben Sie!

Sie wollen leben, das Leben genießen und die Dinge tun, die Ihnen Freude machen? Sie wollen endlich einmal die Seele baumeln lassen, ein gutes Buch lesen, spazieren gehen, gemütlich auf einer Bank im Wald sitzen und den Eichhörnchen zusehen? Sie wollen am Ende Ihres Lebens nicht sagen müssen: „Hätte ich doch …“ Dann beginnen Sie heute damit, Ihr Leben zu ändern!

Nehmen Sie sich vor, ab sofort jeden Tag ein paar Dinge nur für sich selbst zu tun. Unternehmen Sie täglich mindestens drei Dinge, die Ihnen Freude machen. Bereiten Sie sich selbst eine Freude, selbst wenn es sich dabei nur um unbedeutende Kleinigkeiten handelt. Schauen Sie zum Beispiel ein paar Minuten zum Fenster hinaus und beobachten Sie die Regentropfen, die Schneeflocken, die Wolken, die Sonne. Vielleicht sehen Sie von Ihrem Fenster aus einen Baum und plötzlich entdecken Sie einen Vogel, der ein Nest baut. Sie beobachten ihn bei seiner Arbeit, die er mit viel

Elan vorantreibt, und stellen fest, dass es vieles gibt, wofür es sich lohnt, ein paar Minuten innezuhalten.

Wenn Ihnen danach ist, kaufen Sie sich einen Schokoriegel, ein Eis, eine Tasse Kaffee, Tee oder ein Stück Torte. Wann haben Sie zum letzten Mal ihr Lieblingskleidungsstück getragen? Rufen Sie jemanden an, den Sie mögen. Nehmen Sie sich Zeit und plaudern Sie mit ihm oder ihr. Manchmal ist es auch sehr beruhigend, einfach nur dazusitzen und an nichts zu denken. Genießen Sie die Gedankenstille.

Sie werden die Erfahrung machen, dass es Ihnen sehr bald schon sehr viel besser geht. Sie sind fröhlicher, optimistischer und selbstbewusster geworden. Aber das Wichtigste ist: Sie genießen es, endlich richtig zu leben!

Machen Sie nicht dauernd das, was andere von Ihnen erwarten. Und hüten Sie sich davor, das nicht gelebte Leben Ihrer Eltern zu wiederholen. Das gut gemeinte Motto „Die Tochter/Der Sohn soll es einmal besser haben“ machte schon viele Menschen für ihr ganzes Leben unglücklich – wie zum Beispiel den Geschäftsführer eines großen internationalen Unternehmens, Sohn eines Bauern und Akademiker. Er erzählte mir, dass er seit Jahren die Tage bis zu seiner Pensionierung zähle, um im Ruhestand endlich das zu machen, wovon er ein Leben lang geträumt hat: eine Tischlerei zu betreiben. Auf meine Frage, warum er damit bis zur Pension warte, war die Antwort, er könne das seinen Eltern nicht antun.

Machen Sie es sich zur Gewohnheit, Ihre Mitmenschen bewusst wahrzunehmen. In meinen Seminaren machen wir immer wieder einen Test: Nachdem die Teilnehmer sich bereits drei Tage kennen, verlässt ein Teilnehmer für fünf Minuten den Raum. Sobald die Tür sich hinter ihm geschlossen hat, ist die Aufgabe der Zurückgebliebenen, diese Person genau zu beschreiben – das Aussehen, die Frisur und das Outfit. Sie glauben gar nicht, wie verschieden bei insgesamt zwölf Teilnehmern diese Beschreibung ausfällt.

Nehmen Sie in der nächsten Zeit die Menschen, mit denen Sie es zu tun haben, auch wirklich wahr. Es werden Ihnen viele Details auffallen, die Ihnen bisher entgangen sind.

Vielleicht sind Sie ein Perfektionist und deshalb nicht glücklich?! Gehören Sie zu den Menschen, die nur einen Standard kennen, den Sie bei sich und anderen akzeptieren: *Perfektionismus?* Sind Sie jemand, der Neues nur beginnt, wenn er es perfekt beherrscht? Dann haben Sie vermutlich schon erlebt, dass jemand anders Ihre Idee vor Ihnen realisierte, weil Sie einfach zu lange gebraucht haben, um darin perfekt zu werden.

Wenn Sie wieder einmal eine Vision perfekt realisieren wollen, halten Sie sich an den Ausspruch „Nobody is perfect“. Wenn Sie etwas für wert befinden, dass es getan wird, dann tun Sie es so lange schlecht, bis Sie es gut beherrschen. Und Sie haben keine Chance vergeben.

Es sind nicht die großen Dinge oder der Perfektionismus, die das Leben lebenswert machen, sondern im Grunde genommen ist es die Summe der positiven Kleinigkeiten und das bewusste Wahrnehmen der Welt um uns, die uns glücklich machen.

11

Wer nicht wagt …

Vor vielen Jahren führte ein Seiltänzer in großer Höhe seine Kunst vor. Als besondere Attraktion schob er eine Schubkarre über das Drahtseil auf die andere Seite. Dort angekommen, fragte er die atemlosen Zuschauer, ob sie glaubten, dass er die Schubkarre wieder zurückschieben könnte. Alle klatschen Beifall und wollten damit zum Ausdruck bringen, sie wären überzeugt, dass er es schaffte. Er fragte sein Publikum noch einmal: „Ihr glaubt also wirklich alle, dass ich es schaffe?" Alle schrien vor Begeisterung und klatschen frenetisch Beifall. „Also gut", sagte der Seiltänzer, „ich will euch auf die Probe stellen: Wer möchte zu mir heraufkommen, sich in die Schubkarre setzen, um sich von mir auf die andere Seite schieben lassen?" Niemand hatte den Mut, nach oben zu kommen und hautnah am Geschehen teilzunehmen. Sie alle waren damit zufrieden, einfache Zuschauer zu bleiben.

Und wie ist es mit Ihnen? Sind Sie Zuschauer in Ihrem Leben oder wollen Sie die Regie selbst übernehmen? Wovor haben Sie Angst? Dass Sie es nicht schaffen? Angst, etwas Neues, Unbekanntes zu beginnen? Haben Sie Angst, Ihren Lebenstraum zu realisieren? Angst vor einer neuen Erfahrung, vor Niederlagen, Rückschlägen und Misserfolgen? Halten Sie es mit dem alten Grundsatz „Wo ein Wille ist, ist auch ein Weg“ für möglich, dass Sie es schaffen!

Zu meinen ersten Erfahrungen auf dem Weg in die Selbstständigkeit gehörte, dass niemand in meiner Umgebung daran glaubte, dass ich es schaffen würde. Trotzdem oder gerade deshalb ließ ich mein erstes Seminarprogramm drucken. Rückblickend sah es eher wie eine Traueranzeige aus, nicht wie die Einladung zu einem Seminar. Zur Überraschung aller Negativdenker meldeten sich sechs Teilnehmer zu meinem ersten offenen Seminar an. Zwei davon, der Chef eines Kaufhauses mit mehr als 3.000 Mitarbeitern und ein Schuhhersteller, für den ich seine Handelspartner trainierte, zählten mehr als 15 Jahre zu meinen größten Kunden. Im Nachhinein versicherten mir all jene, die von Beginn an bezweifelten, dass ich es schaffe, sie hätten immer an mich und meinen Erfolg geglaubt.

Und nun zu Ihnen: Nur Mut! Sie wissen, dass Sie Ihr Ziel erreichen. Das Einzige, was Sie brauchen, sind Geduld und eine positive Einstellung! Denken Sie bitte immer daran: Erfolg bedeutet in erster Linie geben und nicht nehmen. Geben Sie ohne Hintergedanken – Ihre Zuneigung, Ihre Liebe, Ihre Aufmerksamkeit. Wenn Sie jemandem ein Geschenk machen, denken Sie nicht daran, was Sie aufgrund dieser großzügigen Gabe vom anderen erwarten können. Begegnen Sie Ihren Mitmenschen aufmerksam, mit viel Sympathie und positiv. Denken Sie nicht ununterbrochen daran, wie Sie jemanden für Ihre Ziele benutzen können.

Erfolg bedeutet geben! Helfen Sie nicht, damit Ihnen geholfen wird, und Sie werden ernten, was Sie gesät haben.

Beziehungsnetzwerke sind wichtig und sollten deshalb regelmäßig gepflegt werden. Wer immer zu Ihrem Netzwerk gehört, sollte aber nicht das Gefühl haben, dass er oder sie lediglich Steigbügelhalter auf Ihrem Weg nach oben ist. Damit machte sich auf lange Sicht noch niemand Freunde. Wenn Sie das berücksichtigen, beeinträchtigt Sie nichts mehr auf Ihrem Weg nach oben.

12

Rechtfertigt der Zweck die Mittel?

Wenn wir unsere Ziele und Träume verfolgen, ist wichtig, dass wir einige grundsätzliche fundamentale Erkenntnisse nicht aus den Augen verlieren.

Die erste ist, dass der Zweck nicht die Mittel rechtfertigt. Wenn wir uns voll und ganz auf unsere Ziele und Träume konzentrieren, kann leicht passieren, dass wir auf der Leiter nach oben auf andere Menschen treten. Unsere Entschuldigung ist dann häufig, dass es schon in Ordnung und das Opfer wert sei. Und die, auf die wir treten, die wir verletzen, die werden das schon verschmerzen.

Wir Menschen beherrschen die Fähigkeit bis zur Perfektion, jedes Verhalten logisch zu begründen und zu rechtfertigen. Dabei sollte uns die Vernunft erkennen lassen, dass der Zweck nicht die Mittel rechtfertigt. Doch genau das ist die Rechtfertigung, die Terroristen benutzen, wenn sie ihre Verbrechen gegen die Gesellschaft und das Leben begehen. Sie glauben, wenn sie Menschen entführen oder ermorden, der Zweck würde die Mittel rechtfertigen.

Und genau das ist auch die Rechtfertigung vieler Manager, wenn sie auf ihrem Weg nach oben Menschen mobben; jemandem, der dem Unternehmen viele Jahre mit großer Begeisterung und enormem Einsatz diente, kündigen, weil er zum ersten Mal durch Krankheit ein paar Wochen ausfällt; den Mitarbeitern durch brutale Umstrukturierungen die Arbeitsfreude nehmen. Führungskräften werden wichtige Informationen vorenthalten und dann werden sie als „Unwissende" bloßgestellt. Menschen werden ohne jegliche Rücksichtnahme gedemütigt und ihrer Existenzgrundlage beraubt.

Lesen Sie nur die Wirtschaftsnachrichten in den Tageszeitungen. Verfolgen Sie die TV- und Radionachrichten und -berichte, und Sie haben einen Überblick darüber, wie oft die Meinung vertreten wird, dass der Zweck die Mittel rechtfertige.

Wenn Sie die Tatsache aus den Augen verlieren, dass es der Mensch ist, der im Mittelpunkt stehen muss, wird es plötzlich ganz einfach, vernunftwidriges, unethisches und unmoralisches Verhalten zu rechtfertigen. Die Zeiten ändern sich, und ehe Sie sich's versehen, könnten Sie das Opfer sein. Bewahren Sie sich Ihre soziale Kompetenz. Kontrollieren Sie auf Ihrem Weg nach oben immer, ob Ihr Vorgehen mit Ihren Werten, Ihrer Ethik und Moral in Einklang steht. Denken Sie bei allen Entscheidungen, die Sie treffen, immer daran, dass der Zweck nicht die Mittel rechtfertigt. Versuchen Sie niemals Ihren Traum auf Kosten anderer zu realisieren. Irgendwann fällt es auf Sie zurück – garantiert.

13

Berge versetzen

Schirin Bogner ist 21, eine hübsche, attraktive, lebensbejahende, überaus positive junge Frau. Sie wurde in der Mitte des Winters, am 16. Januar 1985 geboren. Kurz nach der Geburt erkrankte Schirins Mutter. Als das Kind acht Monate alt war, erhielten die Eltern die vernichtende Diagnose: Mutter und Kind sind HIV-positiv. Schirin wurde bereits im Mutterleib mit dem tödlichen Virus infiziert. Die Ärzte sprachen von einer Lebenserwartung von maximal fünf Jahren. Schirins Vater war ebenfalls HIV-positiv.

Seit dem Bekanntwerden der Diagnose wurde in der verträumten 2.300-Seelen-Gemeinde in Oberösterreich ein unvorstellbar brutaler Psychokrieg gegen die Familie eröffnet. Schirins Familie musste einen Zweifrontenkrieg führen. Einerseits kämpfte man gegen das AIDS-Virus, auf der anderen Seite gegen die völlig unaufgeklärten Gemeindepolitiker und die ebenso unwissenden Bürger.

Mit vier Jahren wurde Schirin im Kindergarten angemeldet, aber leider nicht aufgenommen. Angefangen vom damaligen Landeshauptmann über den Bürgermeister des Ortes bis zu den besorgten Eltern und auch von überhaupt nicht betroffenen Einwohnern der Gemeinde Aschach wurde eine breite Front gegen Schirins Aufnahme in den Kindergarten geführt. Mit dem Ergebnis, dass Schirin dem Kindergarten fern bleiben musste. Die psychische Belastung für das unschuldige kleine Mädchen war unvorstellbar. Können Sie sich denken, was es für ein vierjähriges Kind bedeutet, in völliger Isolation aufzuwachsen, ein Leben ohne Freunde und soziale Kontakte zu führen, auf der Straße laut mit Beschimpfungen wie „Aidskind verrecke!" oder „Verschwinde, so eine Brut brauchen wir hier nicht!" bombardiert zu werden? Das geht wohl über unser aller Vorstellungsvermögen weit hinaus.

Vom erlittenen psychischen Schaden wollen wir hier gar nicht sprechen. Schirin wusste über ihre Krankheit Bescheid und sie war auch über ihre Lebenserwartung im Bilde. Dennoch beschloss sie, der Krankheit den Kampf anzusagen. Man stelle sich vor: Ein kleines schwer krankes vierjähriges Mädchen fasste allen medizinischen Prognosen zum Trotz den Entschluss, zu überleben. „Ich will 100 Jahre alt werden", wurde ihr Lebensmotto. „Ich werde dem Virus beweisen, dass ich es schaffe!"

1991 ging die Einschulung in die Grundschule überraschenderweise ohne größere Widerstände und Aufsehen über die Bühne. Schirin hatte sich sehr auf diesen Tag gefreut. Endlich unter gleichaltrigen jungen Menschen! Endlich Freundinnen und Freunde! Leider nein. Die immer noch unaufgeklärten Eltern ihrer Schulkameraden verhinderten erfolgreich, dass Schirin Freundschaften knüpfen konnte. Den Kindern wurde verboten, mit Schirin zu sprechen, ihr die Hand zu geben, sie anzufassen oder gar ein Heft oder Schulbuch zu berühren. „Sei vorsichtig, damit du nicht auch AIDS bekommst", war die Warnung der Mütter und Väter des Ortes. Das Lernen fiel ihr leicht und die Schule machte ihr dank einer Schuldirektorin, die ihr das Gefühl vermittelte, ein Kind wie alle anderen zu sein, viel Freude. Durch den teilweise dramatischen Krankheitsverlauf brachte es Schirin in der Hauptschule auf beinahe 400 Fehltage. Ein ordentlicher Schulabschluss war unmöglich. Ihre einzigen Freunde waren die Hunde und Katzen der Familie, die keinen Unterschied zwischen gesund und krank machten.

Während des ersten Schuljahres starb ihr Vater, und als sie in die zweite Klasse ging, wurde auch ihre Mutter im Alter von 31 Jahren von ihren Leiden erlöst. Schirin war Vollwaise – eine Situation, die gesunden Kindern schon genug zu schaffen macht. Schirin hatte immer das Bild vor Augen, dass ihr ein ähnliches Schicksal wie ihren Eltern bestimmt ist. Das Kind lebte mit dem Tod vor Augen.

Die Großmutter gab ihren Beruf auf und widmete sich ab sofort nur noch der Betreuung ihrer Enkelin und dem Kampf gegen Behördenwillkür und soziale Ausgrenzung. Ein Krieg, in dem die nunmehr beinahe 70-Jährige in den letzten Jahren leider nur einige wenige Teilerfolge verbuchen konnte. Heute ist sie gesundheitlich und finanziell am Ende. Ihr Kampfgeist jedoch ist nach wie vor ungebrochen.

Gemeinsam mit Schirin kämpft sie seit mehr als 20 Jahren gegen die tückische Krankheit. Die beiden leben bis heute in völliger Isolation in ihrer Heimatgemeinde.

Als sie 15 Jahre alt war, wurden die Medien, allen voran „Stern-TV“, auf Schirin aufmerksam und berichteten ausführlich über ihr Schicksal. Für viele junge Menschen wird Schirin zur Jeanne d'Arc im Kampf gegen AIDS und zur Hoffnungsfigur für alle Menschen, die Kraft und Mut brauchen, um ihr Schicksal zu meistern. Auf ihr öffentliches Auftreten folgten viele positive Reaktionen: unzählige E-Mails, Briefe und Telefonanrufe von Menschen, die durch die lebensbejahende Art und den Kampfeswillen Schirins selbst wieder Mut fassten und sich bei ihr dafür bedankten, dass sie ihrem Leben eine neue Richtung gegeben hatte.

Mit 15 hatte Shirin die düstere Prognose der Ärzte bereits um zehn Jahre überlebt! 2001, als sie 16 war, erschienen ihre Tagebuchaufzeichnungen unter dem Titel „Ich wollte hundert Jahre werden“ als Buch im Lübbe Verlag. Mit 18 machte sie den Führerschein und begann mit der Fernmatura, die sie im nächsten Jahr abschließen wird. Der Kampf gegen AIDS kann nicht gewonnen werden, das weiß Schirin. Sie ist jetzt 21 und es geht ihr gut. „Ich weiß, dass ich keine 100 Jahre alt werde“, sagt sie mit einem leisen Lächeln. „Aber für mich bedeutet jeder Tag, den ich der Krankheit abgerungen habe, ein wunderbares Geschenk des Himmels.“ Allen Schmerzen zum Trotz und obwohl sie in den letzten 15 Jahren von vielen Krankheiten und Infektionen heimgesucht wurde, hat sie ihren Humor und ihre positive Lebenseinstellung nicht verloren.

Sie hat sie in ihrer Heimatgemeinde keine Freunde. Ein paar Internetfreundschaften hat sie geknüpft. Sie genießt die spärlichen Ausflüge in die Stadt. Dort kann sie sich ungehindert und unerkannt, ohne Angst vor Anpöbelungen und Berührungsängsten bewegen.

„Discobesuche, Alkohol und Sex fehlen mir nicht, das Einzige, was manchmal fehlt, sind echte Freunde. Aber ich bin zuversichtlich. Mit jedem Tag wissen die Menschen mehr über AIDS und der Tag wird kommen, an dem man sich auch mir ohne Angst und Misstrauen nähert. Da bin ich ganz sicher.“

„Der Glaube versetzt Berge“, lautet ein altes Sprichwort. Schirins Berg ist ihre Krankheit, von der sie weiß, dass sie sie nicht besiegen kann. Aber sie kann den Berg bewegen. Und sie bewegt ihn seit mehr als 15 Jahren erfolgreich. Jahren erfolgreich. Sie hat sich nicht einfach ihrem Schicksal ergeben, sondern sie kämpft, weil sie weiß, dass sie den Berg versetzen kann – Zentimeter um Zentimeter, Tag für Tag. Sie unterstützte durch ihren Glauben, dass sie es schaffen wird, durch ihre positive Einstellung, ihren Mut, ihre eiserne Disziplin und ihren Überlebenswillen die medizinischen Behandlungen und Therapien wirkungsvoll und versetzte ihren Berg jeden Tag um ein paar Millimeter.

Ein kleines Mädchen, von dem die Ärzte sagten, dass es seinen sechsten Geburtstag nicht erleben wird, beschloss, 100 Jahre alt zu werden. 21 hat sie schon geschafft. Und sie versetzt den Berg weiter – Zentimeter um Zentimeter. Ich hoffe, sie hat noch viele Jahre vor sich.

Sie haben Ihren eigenen Berg, vor dem Sie stehen. Er ist so hoch, dass er unüberwindbar erscheint. Sie haben Familie, ein Haus oder eine schöne Wohnung und einen guten Job. Aus den Medien erfahren Sie, dass in Ihrer Firma rationalisiert wird und eine Menge Leute ihren Job verlieren wird. Ein paar Tage später erfahren Sie, dass Sie ebenfalls wegrationalisiert werden.

Sie haben ein arbeitsreiches Leben hinter sich und können im Ruhestand endlich das tun, was Ihnen Freude macht: reisen, Golf spielen, Schi laufen, Oper und Theater genießen – als Ihnen Ihr Arzt sagt, dass Sie einen bösartigen Tumor haben.

Wir alle haben Berge zu überwinden oder zu versetzen. Sie sind nur verschieden verpackt. Der Glaube, der Berge versetzt, beginnt immer mit der Frage nach dem Wie. Wann immer Sie vor einem scheinbar unüberwindbaren Hindernis stehen, stellen Sie sich zuallererst die Frage nach dem Wie. Wie könnte es möglich sein, diesen Berg zu überwinden oder zu bewegen? Was müsste geschehen, damit es möglich wäre? Wenn Sie in der Geschichte zurückblicken, werden Sie auf vieles stoßen, von dem man dachte, es sei nicht möglich, der Berg sei nicht zu bewegen. Und doch haben wir heute das Internet, Menschen fliegen ins Weltall, wir telefonieren mit Handys rund um die Welt. Dinge, von denen man glaubte, sie seien unmöglich, sind heute selbstverständlich. Die Dinge werden möglich, wenn wir daran glauben.

Das bedeutet aber nicht, dass wir auch sofort alle Antworten parat haben. Wenn wir in schwierige Situationen kommen, sehen wir zuallererst nur den unüberwindbaren Berg. Machen Sie es wie Schirin: Glauben Sie daran, dass Sie Ihren Berg versetzen können! Und Sie schaffen es, Sie werden es erleben!

14

Meiden Sie die Trampelpfade

Unser Leben gleicht einer Wanderung: Irgendwann kommen wir an eine Weggabelung und wissen nicht, welchen Weg von zwei möglichen wir nehmen sollen. Der eine Weg ist breit und bequem und man kann ihn mit den Blicken ziemlich weit verfolgen. Kein Hindernis, keine Steigung, die die Wanderung beschwerlich macht. Er scheint häufig begangen zu sein, weil er ziemlich ausgetreten ist.

Der andere ist mit Gras bewachsen, Zweige hängen in den Weg herein und Steine verhindern ein bequemes Wandern. Man kann ihn mit den Augen auch nicht weit verfolgen, weil sehr bald eine unübersichtliche Biegung kommt und man nicht weiß, wie es dahinter weitergeht. Es sieht so aus, als ob er nur wenig begangen wird.

Im Leben kommt jeder Mensch irgendwann einmal an eine Weggabelung, an der er sich für einen von zwei Wegen entscheiden muss: Gehe ich den Weg, den die Masse nimmt, oder nehme ich den anderen, den nur wenige gehen, weil er mit vielen Unsicherheiten gepflastert ist?

Menschen, die nicht die Probleme sehen, sondern die Möglichkeiten, nehmen normalerweise nicht die gerade, ebene Straße, die sie bis zum Ende überblicken können. Sie sind neugierig und unternehmungslustig. Sie schlagen immer den weniger benutzten, den unbekannten Weg ein, der ins Ungewisse führt.

Ich gehe diesen Weg seit vielen Jahren. Das macht den Unterschied aus. Ich möchte Ihnen einiges über diesen wenig benutzten Weg erzählen. Zuerst einmal muss ich Ihnen sagen, dass er immer riskant ist. Viele Erfolgreiche schlagen wie ich den riskanten, den weniger benutzten Weg ein, weil sie das Abenteuer suchen. Wir brauchen das Risiko, das uns zwingt, unser Bestes zu geben und härter zu arbeiten. Ich weiß nicht, ob wir jemals das Ende erreichen. Es ist der Abenteurer, der Entdecker und der Eroberer in uns, der uns zwingt, das Risiko einzugehen.

Stellen Sie sich vor, Sie würden etwas anstreben und es wäre großartig, wenn Sie es erreichen würden. Aber Sie haben den Versuch nie gewagt. Und deshalb quälen Sie sich ein Leben lang mit Selbstvorwürfen.

Nur Menschen, die das Risiko, das Wagnis eingehen, bekommen die Chance, das Großartige zu erreichen. Der weniger benutzte Weg ist der Weg derer, die daran glauben, dass es möglich ist, ans Ziel zu kommen. Ein riskanter Weg, wie diejenigen wissen, die sich darauf eingelassen haben. Und es ist ein sehr langer Weg.

Ich machte mich mit 30 selbstständig und wollte es mit 50 so weit gebracht haben, dass ich mich zur Ruhe setzen kann. Nach 20 Jahren war mein Weg noch nicht zu Ende, meine Arbeit noch nicht getan. Ich wollte erleben, was das Leben morgen für mich bereithält.

Wenn ich daran denke, welche Art von Morgen mir das Leben ab meinem 50. Lebensjahr beschert hat, bin ich froh, dass mein kurvenreicher und mit vielen Hindernissen gepflasterter Weg noch nicht zu Ende ist. Das Morgen dieser Jahre brachte mir meine über alles geliebte Frau Eva, neue Freunde, die mein Leben unendlich bereichern, berufliche Erfolge, viele Auftritte im Fernsehen und im Radio, die mir große Freude bereiten, und positive Berichte in den Medien, um nur einiges zu erwähnen.

Letztes Jahr, mit 65, entschied ich mich, nicht in Rente zu gehen und mich irgendwo in der Sonne zu Tode zu langweilen, sondern noch mindestens zehn Jahre dranzuhängen, weil ich das Gefühl hatte, dass mein Weg noch lange nicht zu Ende ist. Ich wusste nicht, dass ein neues Buch in mir schlummert – das, welches Sie im Augenblick in der Hand halten. Es ist das beste Buch, das ich je geschrieben habe. Das weiß ich.

Gott sei Dank drängt die Jugend nach – junge Menschen, die das Abenteuer „Leben“ suchen. Sie wollen keinen langen, sicheren, langweiligen Weg.

Sie suchen einen Weg, der auch ein Risiko birgt. Und dieser Weg darf ruhig etwas länger sein, denn es macht Spaß, das Leben immer wieder neu zu entdecken. Es gefällt ihnen, wenn der Weg holprig ist, wenn es Löcher gibt, in die man stolpern kann. Für die Abenteurer gibt es keine Landkarten für wenig benutzte Wege. Man sieht erst, wohin der Weg führt, wenn man ihn geht. Mit manchem hat man nicht gerechnet. Manchmal ist der Weg von einem reißenden Gebirgsbach überflutet. Die Brücke ist überschwemmt. Der Möglichkeitsdenker kehrt nicht zurück zum Ausgangspunkt. Er wartet, bis das Wasser zurückgeht. Die Brücke hat das Hochwasser überstanden. Man weiß nicht, was passiert, wenn man sie belastet. Trägt sie das Gewicht oder wird sie einstürzen? Das weiß man erst, wenn man über die Brücke gegangen ist. Vielleicht hat sie gehalten, vielleicht sind Sie aber auch ins Wasser gefallen und mussten sich mühsam ans Ufer retten.

Es ist der weniger benutzte Weg, auf dem die Möglichkeitsdenker wandern. Ich gehe darauf und Sie hoffentlich auch. Begleiten Sie mich auf diesem riskanten Weg. Genießen Sie die Spannung. Der Weg ist sehr lang, wir werden viel Geduld brauchen. Und es ist mit Sicherheit ein rauer und ein sehr einsamer Weg. Das macht uns stark. Schwierige Zeiten vergehen, der Starke wird bestehen.

Manchmal müssen Sie sich auf Ihrem Lebensweg für etwas entscheiden. Es ist nicht immer leicht, Entscheidungen zu treffen. Glauben Sie mir: Diese Entscheidungen können nur Sie allein treffen, niemand sonst. Die Zeit der Entscheidungen ist die Zeit der Einsamkeit. Man kann niemanden um Rat fragen – weder seinen Partner, seine Partnerin, noch seinen Lehrer, die Eltern oder einen Berater. Trotzdem habe ich die Erfahrung gemacht, dass das Beschreiten des riskanten, wenig begangenen Weges die aufregendste und großartigste Art und Weise ist zu leben.

Sie werden nicht viele Wanderer auf Ihrem Weg treffen. Sie werden durch tiefe Täler wandern und manchmal glauben, dass Sie nie aus Ihrem Tief herauskommen. Manchmal sehen Sie in der Ferne einen Berg und keine Möglichkeit, ihn zu überwinden. Der Weg führt geradewegs auf den Felshang zu. Es scheint nicht weiterzugehen. Als Sie den Berg erreicht haben, stellen Sie fest, dass ein schmaler Steig durchs Gebirge führt. Ein Steig, den Sie aus der Ferne nicht gesehen haben. Lassen Sie die Dinge an sich herankommen und geben Sie nicht vorzeitig auf! Es gibt immer einen Weg! Er führt uns weiter. Was vor uns liegt, ist nur eine Biegung oder ein kleines Hindernis, das zu überwinden ist.

Manchmal werden Sie auf Ihrem Weg Rückschläge erleiden, weil Sie in einer Sackgasse gelandet sind. Dann suchen Sie nach Umwegen! Der Umweg wird keine breite, asphaltierte Straße sein, sondern es wird ein steiniger Weg sein, viel steiniger vielleicht, als er bisher war. Aber am Ende erhalten Sie die Belohnung für Ihr Durchhaltevermögen. Sie sind am Ziel!

Es gibt immer einen Weg. Sie müssen Geduld haben, dürfen nicht verzweifeln und auf keinen Fall vorzeitig aufgeben oder gar daran denken, umzukehren. Sehen Sie die Möglichkeiten, die sich bieten, das Tal möglichst unbeschadet zu durchqueren. Vielleicht holen Sie sich die eine oder andere Schramme. Sie wissen: Schwierige Zeiten vergehen, der Starke wird bestehen!

Viele Menschen stehen an einer Wegkreuzung. Da gibt es die eine Straße, die gerade und sicher ist, die keine Risiken in sich birgt. Es ist eine breite Straße, auf der viele Menschen bequem durchs Leben reisen. Aber es gibt noch den anderen Weg. Er ist schmal und riskant. Er kann über lange Strecken sehr einsam sein. Es ist der wenig benutzte Weg des Erfolgs. Schlagen Sie ihn ein und erleben Sie das Abenteuer des Erfolgs!

15

Die Zeiten ändern sich – Ihr Fixstern nicht

Wir leben in einer schnelllebigen Zeit und die Dinge ändern sich sehr rasch. Wir brauchen daher einen Fixstern, einen Punkt, der sich nicht ändert. Ihr Fixstern ist Ihr Traum, an dessen Verwirklichung Sie arbeiten.

Es ist wichtig, dass Sie sich immer Ihres Fixsterns bewusst sind. Trotz aller gesellschaftlichen und technischen Veränderungen ist Ihr Traum immer da. Unser Traum ist der Anker, der uns nicht vom Weg abweichen lässt.

Etwa 20 Prozent der Bevölkerung kamen nach 1986 zur Welt. Einige Fakten, die den Wissensstand und die Lebenserfahrung dieser Generation betreffen: Seit sie denken können, ist ihnen Aids ein Begriff, die CD kam 1986 auf den Markt. Sie hatten immer schon Kabelfernsehen. Was wäre Fernsehen ohne Fernbedienung? Sie haben keinen Schimmer, was harte Kontaktlinsen sind, und sie wissen nicht, wie man eine Schreibmaschine bedient. Ja, viele wissen nicht einmal, was das ist. Sie sind mit *Star Wars*, dem *Terminator*, der Mikrowelle, dem Mobiltelefon, Nintendo und Harry Potter groß geworden.

Aber nicht nur die Zeiten ändern sich. Auch die Lebensumstände können sich verändern. Durch Naturkatastrophen wie zum Beispiel Hochwasser, durch Scheidung, den Verlust einer geliebten Person, Krankheit oder Arbeitslosigkeit. Vielleicht hat man sein Geld in Aktien angelegt und sich verspekuliert.

Die Dinge ändern sich, der Lebenstraum bleibt. Er ist der Fixstern, der uns auf dem Weg zum Ziel sicher um alle Klippen navigiert, die das Leben für uns bereithält.

Verlieren Sie ihn niemals aus den Augen!

16

Das Selbstwertgefühl – die zentrale Instanz

Wenn es um die Erfüllung unserer Träume geht, ist nichts wichtiger als Selbstvertrauen und ein gesundes Selbstbild. Stellen Sie sich vor, Sie gingen mit einem Freund durch die Straßen einer Stadt. Es kommt jemand auf Sie zu, ein Mann oder eine Frau. Zu Ihrer Überraschung handelt es sich dabei um jene Person, die Ihr größtes Vorbild ist. Ein Schauspieler, eine Sängerin, eine herausragende Persönlichkeit aus der Wirtschaft, ein Politiker oder ein Sportler.

Ihr Freund kennt diese Person und bleibt stehen, um Sie miteinander bekannt zu machen. Er sagt: „Hallo [z. B. Madonna] ... ich möchte dich gern mit ... [setzen Sie hier Ihren Namen ein] bekannt machen." Wie hätten Sie gern, dass Sie Ihr Freund Ihrem größten Vorbild vorstellt, was soll er Positives über Sie berichten? Schreiben Sie unten in die freien Zeilen:

So möchte ich meinem Vorbild gern vorgestellt werden:

____
____
____
____
____
____
____
____
____
____
____

Ich nehme an, Sie hätten gern, dass Ihr Freund sehr begeistert über Sie berichtet. Lesen Sie die Sätze, die Sie oben aufgeschrieben haben, in den nächsten Tagen mehrmals durch. Wenn Sie das tun, werden Sie mit einem Mal ein wesentlich positiveres Selbstbild haben.

Das Selbstwertgefühl ist die zentrale Instanz unseres Lebens. Wer an sich selbst und seine Fähigkeiten glaubt, verleiht jedem Gedanken durchschlagende Kraft. Sie müssen überzeugt sein, dass Sie schaffen, was Sie sich vorgenommen haben! Beginnen Sie an sich und Ihren Fähigkeiten zu zweifeln, ist Ihr Erfolg infrage gestellt. Der Glaube an uns und unsere Fähigkeiten ist unmittelbar an unser Selbstwertgefühl und damit an das Selbstvertrauen gekoppelt. Sollten Sie immer wieder an sich und Ihren Fähigkeiten zweifeln, sollten Sie etwas für Ihr Selbstwertgefühl tun. Aber was?

Hier finden Sie drei Strategien, die Ihnen helfen werden, Ihr Selbstwertgefühl nachhaltig zu stärken:

Strategie 1 zur Stärkung des Selbstwertgefühls

Der erste Weg, um das eigene Selbstwertgefühl anzuheben, ist, etwas zur Steigerung des Selbstwertgefühls seiner Mitmenschen tun! Sie werden die Erfahrung machen, dass Sie schon nach kurzer Zeit ein Vielfaches von dem zurückbekommen, was Sie „investiert“ haben.

Vermutlich werden Sie sich jetzt fragen, welche Möglichkeiten Sie haben, das Selbstwertgefühl Ihrer Mitmenschen zu stärken. Im Grunde ist das ganz einfach, wie Sie anhand folgender Beispiele feststellen werden.

- Seien Sie höflich! Jede noch so kleine Höflichkeit und Zuvorkommenheit ist ein positives Signal für das Selbstwertgefühl des anderen.
- Sprechen Sie Ihre Mitmenschen öfter mit ihren Namen an. Nichts hört der Mensch so gern wie seinen eigenen Namen.
- Viele Menschen machen den Fehler, andere zu unterbrechen, wenn diese gerade etwas erzählen. Lassen Sie den anderen ausreden. Damit signalisieren Sie Ihr Interesse an seiner Person und an dem, was er zu sagen hat.

- Wenn Sie Ihren Gesprächspartnern ständig Ihre Meinung aufzwingen, macht Sie das nicht unbedingt beliebt. Respektieren Sie die Meinung anderer. Denken Sie dabei auch an Ihren Lebenspartner. Auch dieser hat das Recht auf eine eigene Meinung! Das gilt auch für Ihre Kinder, Ihre Mitarbeiter und Ihre Kunden, denen Sie vielleicht manchmal Ihre Meinung aufzwingen wollen.
- Kritisieren Sie andere nur dann, wenn Sie einen positiven Beitrag zur Lösung leisten können.
- Lächeln Sie häufiger! Sie signalisieren damit, dass Ihnen der andere etwas bedeutet.
- Seien Sie hilfsbereit! Hilfsbereitschaft ist ein Zeichen des Interesses an der anderen Person.
- Bestrafen Sie niemanden, indem Sie signalisieren, dass er es nicht wert ist, dass Sie mit ihm reden! Für Kinder, für Erwachsene, die uns lieben, aber auch für Kollegen und Mitarbeiter gibt es keine brutalere Strafe als „Du bist es nicht wert, dass ich mit dir rede“.
- Denken Sie einmal darüber nach, wie oft Sie in den letzten Wochen Bitte und Danke gesagt haben. Wie oft waren Sie in einem Laden und haben die Verkäuferin wie Luft behandelt? Wann haben Sie sich das letzte Mal bei einem Kellner bedankt, als er Ihr Getränk oder das Essen auf den Tisch stellte?
- Wann haben Sie sich das letzte Mal zu Hause für so genannte Selbstverständlichkeiten be-

dankt: ein Glas Wasser, die Fernsehzeitung, ein Stück Obst usw.? Sie sehen schon: Es gibt unzählige Möglichkeiten, Bitte und Danke zu sagen. Man muss sie nur wahrnehmen und nutzen.

- Ehrliches Lob und ehrlich gemeinte Komplimente – keine falschen Schmeicheleien – heben das Selbstwertgefühl enorm an. Wenn Sie ehrliches Interesse haben, gibt es genug Anlässe für Komplimente: die neue Frisur, eine neue Bluse, eine tolle Krawatte, eine Kollegin beruhigt einen aufgebrachten Kunden am Telefon bravourös.
- Lernen Sie zu verzeihen. Verzeihen ist ein Zeichen menschlicher Größe. Der „Schuldige" muss uns nicht erst darum bitten.

Aufmerksam zuhören ist die Bestätigung für den anderen, dass er bzw. seine Meinung für uns wichtig ist. Denken Sie einmal daran, wie oft Sie sich über unaufmerksame Zuhörer geärgert haben – privat und beruflich.

Richtig zuhören heißt aktiv zuhören und nicht beim Fernsehen oder im Büro hin und wieder ein lustloses „Aha" oder „Mhm" einzustreuen, ohne genau zu wissen, was der andere gesagt hat.

Wie wäre es, wenn Sie hin und wieder eine kurze Zusammenfassung dessen, was andere Ihnen erzählt haben, von sich geben oder zumindest durch die eine oder andere sinnvolle Bemerkung signalisieren, dass Sie zuhören? Besonders wichtig ist: Ihr Interesse bedeutet Streicheleinheiten für die Seele des anderen.

Sehr bald schon werden Sie feststellen, dass die Menschen oft ein Vielfaches von dem zurückgeben, was sie erhalten haben. Und das sind Streicheleinheiten für Ihre Seele und Ihr Selbstwertgefühl wird ebenfalls angehoben!

Strategie 2 zur Stärkung des Selbstwertgefühls

Die zweite Strategie ist genauso einfach wie die erste. Wann haben Sie das letzte Mal etwas für sich selbst getan? Irgendetwas, einfach aus Freude an der Sache, ohne dabei die Leistung zu messen und sich selbst wieder einem Leistungsdruck auszusetzen? Denken Sie nach. Sie meinen, es sei schon lange her? Dann wird es Zeit, es gleich einmal wieder zu tun. Nichts hebt unser Selbstwertgefühl so sehr, als wenn wir uns selbst Freude bereiten. Das könnten Sie beispielsweise machen:

- Hören Sie öfter Ihre Lieblingsmusik. Wenn Ihre Umgebung nicht den gleichen Geschmack hat, verwenden Sie einfach Kopfhörer! Genießen Sie Ihre Lieblingsmusik und lassen Sie sich von ihr tragen. Sie haben wenig Zeit? 20 Minuten genügen!
- Lassen Sie sich beim Frisör oder im Kosmetiksalon verwöhnen. Genießen Sie diese Verwöhnstunden.

- Wenn Sie ein Instrument spielen, spielen Sie, was Ihnen Freude macht. Denken Sie nicht daran, ob das, was Sie spielen, auch anderen gefällt. Das Wichtigste ist, dass es Ihnen Spaß macht!
- Haben Sie ein kreatives Hobby wie Zeichnen, Malen oder Modellieren? Machen Sie etwas daraus, aber erwarten Sie nicht, hinterher wegen Ihres Talents von den anderen gelobt zu werden. Nein, Sie sollen sich einfach aus Spaß an der Sache damit beschäftigen und nicht einer eventuellen Vernissage entgegenfiebern. Einfach Stift oder Pinsel bewegen und sich an dem erfreuen, was sich daraus entwickelt.
- Genießen Sie einmal das Alleinsein. Gammeln Sie in Ihrer Wohnung herum, lassen Sie Ihren Gedanken freien Lauf, freuen Sie sich, dass Sie ein paar Stunden ohne Stress für sich haben.
- Machen Sie einen Spaziergang ohne konkretes Ziel. Wenn Sie in einer Stadt wohnen, machen Sie „Window-Shopping“. Wenn Sie in einer ländlichen Umgebung wohnen, bietet sich ein Spaziergang in der Natur an. Lassen Sie sich einmal nur treiben, genießen Sie Ihren Spaziergang!
- Seien Sie zärtlich um der Zärtlichkeit willen, nicht um ein bestimmtes Ziel zu erreichen.
- Betreiben Sie Sport, ohne dabei auf eine messbare Leistung zu achten, einfach aus Freude an der Bewegung. Für die Anhebung Ihres Selbst-

wertgefühls ist wichtig, dass Sie nicht mit der Stoppuhr in der Hand Ihre gute oder etwas weniger gute Leistung messen. Die Sache soll Ihnen Vergnügen bereiten, nicht Stress verursachen!

Das haben Sie noch nie versucht? Probieren Sie's. Sie werden sehen: So viel Spaß hatten Sie schon lange nicht mehr!

Strategie 3 zur Stärkung des Selbstwertgefühls

Unsere Spitzensportler beweisen, dass regelmäßiges Entspannungstraining ein wichtiges Werkzeug für Stressabbau, innere Ruhe und Gelassenheit ist. Darüber hinaus wird auch die Frustrationstoleranzgrenze erhöht, was bedeutet, dass wir negativen Erfahrungen gelassener begegnen.

Für welche Entspannungsmethode Sie sich entscheiden, ist unerheblich. Es werden zahlreiche Entspannungstechniken angeboten – auf Tonträgern, von Wellness-Hotels oder in speziellen Seminaren. Wählen Sie aus dem umfangreichen Angebot jene Methode aus, die Ihnen am meisten zusagt. Der Zeitaufwand ist von Methode zu Methode unterschiedlich. Normalerweise empfehlen die Anbieter dreimal die Woche etwa 20 bis 30 Minuten zu trainieren.

17

Erfolgsfaktor „Partnerschaft“

Es gibt viele Menschen, die sehr erfolgreich sind, ihre Träume und Ziele erreicht haben und in keiner Lebenspartnerschaft leben. Manche sind begeisterte Singles und haben – aus welchen Gründen auch immer – eine negative Einstellung zu Partnerschaft und Ehe. Andere wiederum leben in einer harmonischen Beziehung. Die Zahl derer, die nicht mehr miteinander, sondern nur noch nebeneinander leben, ist leider viel größer. Die Menschen sind unglücklich und suchen nach einem Ausweg. Häufig bedeutet das Trennung oder Scheidung.

Aber alle sind sich darüber einig, dass eine glückliche Lebenspartnerschaft und ein harmonisches Familienleben eine enorm wichtige Unterstützung für die persönliche Entwicklung und den Erfolg eines Menschen darstellen. Ich möchte Ihnen einige Tipps geben, mit denen eine (Ihre) Ehe bzw. Partnerschaft (wieder) Spaß macht.

Einer der fundamentalsten Grundsätze für eine glückliche Partnerschaft ist, höflich miteinander umzugehen, einander mit Respekt zu begegnen und auf seine Manieren zu achten. Vermeiden Sie Streit. Streit bedeutet, dass man sich gegenseitig anschreit, dem anderen ins Wort fällt und ihm nicht mehr zuhört. Die Wahl der Worte zeigt, dass man dem anderen gegenüber keinerlei Respekt (mehr) empfindet. Selbstverständlich gibt es in jeder Partnerschaft Meinungsverschiedenheiten. Diskutieren Sie diese intensiv, aber mit Anstand aus.

In meiner Partnerschaft hatte ich noch nie das Gefühl, dass meine Frau mir anders als mit großem Respekt begegnet. Sie behandelt mich wie einen König und ich behandle sie wie eine Königin.

Hören Sie niemals auf, einander zu umwerben. Gewöhnen Sie sich an, Ihre Partnerin/Ihren Partner auch dann zu umwerben, wenn die Partnerschaft schon einige Jahre andauert (oder gerade dann). Die Gewohnheit, den anderen immer um sich zu haben, lässt diese wichtige Konstante einer glücklichen Partnerschaft sehr leicht in Vergessenheit geraten.

Genießen Sie Sex mit Ihrem Partner/Ihrer Partnerin als eines der größten Vergnügen Ihres Lebens. Wenn Ihre Beziehung dauerhaft und sicher ist, brauchen Sie auch keine Angst haben, sich AIDS oder eine andere Krankheit einzufangen.

Treue schützt Sie darüber hinaus vor Erpressungen jeglicher Art.

Wenn Ihre Partnerschaft noch relativ jung ist, sollten Sie sich darüber im Klaren sein, dass Sie nicht immer all Ihre Freunde mitnehmen können. Ihre Ehe kommt vor Ihrem alten Kumpel, Ihrer alten Freundin. Entdecken Sie gemeinsame neue Freunde!

Ihr Partner kommt an erster Stelle! Jedes Paar freut sich, wenn das erste Kind zur Welt kommt. Und natürlich freut man sich auch über jedes weitere Kind. Lassen Sie Ihre Kinder nicht wichtiger als Ihren Mann bzw. Ihre Frau werden. Die Beziehung zu Ihrem Partner/Ihrer Partnerin hat Vorrang gegenüber der Beziehung zu Ihren Kindern.

Sehr häufig glauben vor allem Mütter, dass ihre Kinder sie mehr brauchen als der Ehemann. Das stimmt nicht! Ihr Kind braucht Sie nicht mehr als Ihr Mann! Mehr als alles andere braucht Ihr Kind eine starke Beziehung zwischen seinen Eltern.

Lügen Sie nie und halten Sie einander die Treue. Für einige von Ihnen kommt dieser Rat vermutlich zu spät. Vielleicht haben Sie bereits gelogen oder sind schon untreu gewesen. Denken Sie positiv! Nur weil Sie es ein Mal verbockt haben, bedeutet das noch lange nicht, dass Sie Ihr gemeinsames Leben noch einmal von vorn beginnen müssen. Es ist möglich, den Schaden zu reparieren und Vergebung zu erhalten – hier und jetzt. Narben werden ganz sicher bleiben. Setzen Sie alles daran, dass sie so schnell wie möglich verheilen.

Gestalten Sie Ihre Ehe und Partnerschaft (wieder) glücklich und Sie werden feststellen, dass es nichts auf dieser Welt gibt, woraus Sie mehr Kraft schöpfen können als aus der Liebe Ihres Partners. Gerade dann, wenn es einmal nicht so gut läuft, ist die Liebe des anderen und sein Glaube an uns eine unerschöpfliche Kraftquelle zur Realisierung unseres Traumes!

18

Lernen von den Spitzensportlern

„Ich danke vor allem meinem Team, ohne das ich es nicht geschafft hätte“, sagen Weltmeister, Olympiasieger, Wimbledonsieger, Radrennfahrer, Golfprofessionals, Formel-1-Piloten, Schwimmer, Schirennläufer, Leichtathleten und viele andere nach einem Sieg vor laufenden Kameras. Der Zuseher nimmt diese Aussage als Höflichkeit gegenüber anderen hin, ohne groß über die Bedeutung dieser Worte nachzudenken.

Wer sind diese namenlosen Menschen hinter dem Sieger, wer ist das Team? Neben dem Trainer sind das die Serviceleute, Mechaniker, Physiotherapeuten und die psychologischen Betreuer, Ernährungswissenschaftler und viele andere mehr: hoch motivierte Menschen, für die es nur ein einziges Ziel gibt, nämlich den von ihnen betreuten Sportler an die Spitze zu bringen. Ohne sie wären heute unsere Leistungssportler auf verlorenem Posten.

Mit einem Mal bekommt der Dank an das Team eine neue Dimension. Das sind keine leeren Worte. Wenn Michael Schumacher, Hermann Maier, Jan Ullrich oder der österreichische Schwimmstar Markus Rogan sich mit „Namenlosen“ im Hintergrund, mit denen, die sich nicht in den Vordergrund drängen, den Erfolg teilen. Sie wissen, dass sie es ohne diese Menschen nicht geschafft hätten.

Haben Sie sich schon einmal Gedanken darüber gemacht, wie viele Personen notwendig sind, um eine TV-Show wie „Wetten, dass ...“ zu dem zu machen, was sie ist, nämlich die wohl erfolgreichste Fernsehshow im deutschsprachigen Raum? Wenn sich Thomas Gottschalk am Ende des Abends bei seinen Mitarbeitern bedankt, ist das für den Fernsehzuschauer ein Akt der Höflichkeit. Thomas Gottschalk aber weiß: Wenn auch nur ein einziges Mitglied seines Teams Mist baut, ist unter Umständen der Erfolg der ganzen Show gefährdet. Auch hier ist der Dank an das Team ehrlich und aufrichtig gemeint.

Besonders interessant ist die Tatsache, dass sowohl Spitzensportler als auch Moderatoren wie Thomas Gottschalk ihr Team immer gut behandeln und motivieren. Nur mit einem hoch motivierten Team ist es möglich, echte Spitzenleistungen zu erbringen.

Wie sieht das in der Wirtschaft aus? Es ist klar, dass ein Unternehmen ohne motivierte und begeisterte Mitarbeiter niemals an die Spitze kommen kann. Eine der wichtigsten Aufgaben eines Managers ist die Motivation seiner Mitarbeiter! Was im Sport gang und gäbe ist, wird in der Wirtschaft oft aufs Gröbste vernachlässigt. Die Zahlenverliebtheit vieler Führungskräfte lässt sie vergessen, dass man die besten Ergebnisse nur durch hoch motivierte Mitarbeiter erreicht.

Wie ist das bei Ihnen? Haben Sie ein Team, welches Sie bei der Realisierung Ihres Lebenstraums unterstützt? Wie behandeln Sie dieses Team? Haben Sie es geschafft, es mit Ihrer Begeisterung so anzustecken, dass alle hoch motiviert an Ihrer Sache arbeiten?

Oder sind Sie leider von nicht motivierten Menschen umgeben, denen es egal ist, ob Sie Ihre Ziele erreichen oder nicht? Dann ist es höchste Zeit, dass Sie sich um Ihr Team kümmern! Registrieren Sie doch einmal die Menschen, die Ihnen dabei helfen sollen, Ihre Ziele zu erreichen, und nicht nur deren Funktion. Es ist Ihre Aufgabe, Ihre Mitarbeiter mitzureißen und zu begeistern. Spitzenleistungen kommen von selbst, wenn die Mannschaft hoch motiviert ist.

Ich schrieb dieses Buch in einem sehr schönen Hotel auf Kreta. Hier erlebte ich hautnah, was Mitarbeitermotivation ist. Einer der Köche, Manolis, fuhr nach der Arbeit – etwa um ein Uhr früh – mit dem Motorrad nach Hause und hatte auf dem Weg dorthin einen schweren Unfall. Trotz eines gebrochenen Oberarms und schwerster Hautabschürfungen schaffte er es, seinen Vorgesetzten vom Krankenhaus aus über das Mobiltelefon zu informieren.

Um drei Uhr früh besuchten ihn sowohl sein Vorgesetzter als auch einer seiner Kollegen im Krankenhaus. Sie verständigten die Familie und kümmerten sich darum, dass Manolis die beste ärztliche Versorgung erhielt (was in griechischen Krankenhäusern eine große Herausforderung darstellt). Am nächsten Vormittag besuchte ihn die Frau des Direktors und ließ ihm und seiner Familie jede erdenkliche Hilfe zukommen.

Wie ist das bei Ihnen? Wie sehr kümmern Sie sich um die Mitglieder Ihres Teams, wenn es einem einmal wirklich schlecht geht? Klinken Sie sich nach dem Motto „Es wird schon wieder werden" oder „Was geht mich das an?" aus oder sind Sie für Ihre Leute da, wenn Sie gebraucht werden?

Sie haben kein Team, Sie sind ganz auf sich allein gestellt? Dann machen Sie sich auf die Suche nach Menschen, die Sie gern in Ihrem Erfolgsteam hätten. Ihr Team besteht nicht nur aus bezahlten Arbeitskräften! Die wichtigsten Mitglieder Ihres Erfolgsteams erhalten keine Bezahlung. Sie helfen Ihnen, weil Sie es geschafft haben, sie für Ihren Traum zu begeistern und zu motivieren. Und weil Sie sie wie Menschen und nicht wie Luft behandeln.

Sie fragen sich jetzt, wie Sie zu einem Team kommen? Mit dieser Frage beschäftigt sich das nächste Kapitel.

19

Die Netzwerkstrategie

Vor einigen Jahren setzte ich mir zum Ziel, meinen Bekanntheitsgrad zu erhöhen. Ich hatte bereits mehrere Bücher geschrieben, die auch in den Bestsellerlisten zu finden waren. Etwa 80.000 Menschen hatten meine Seminare und Vorträge besucht. Der breiten Öffentlichkeit war ich jedoch nicht bekannt. Wie schafft man es, sich als Trainer, Vortragender und Buchautor der breiten Öffentlichkeit bekannt zu machen? Die Lösung: durchs Fernsehen. Wie schafft man es als Erfolgstrainer, ins Fernsehen zu kommen? Mit einem einzigen Fernsehauftritt, den ich schon hinter mir hatte, schafft man es nämlich nicht, im Gedächtnis der Öffentlichkeit verankert zu bleiben – es sei denn, man ist in ein Verbrechen oder in einen Skandal verwickelt.

Mein Ziel war, es zu schaffen, relativ häufig und regelmäßig im Fernsehen und im Rundfunk präsent zu sein. Die Frage war: Wer kann mir dabei helfen? Ich kannte weder beim Fernsehen noch beim Radio jemanden – glaubte ich. Ich durchforstete meine Datenbank und stellte fest, dass einer meiner Golffreunde seit vielen Jahren seine eigene Fernsehsendung moderierte. Mein Ziel war nicht, ihn zu überreden, mir einen Platz in seiner oder einer anderen Fernsehsendung zu beschaffen. Ich wollte nur den Namen einer Person, die mir dabei helfen konnte.

Ein Studienkollege meines Golffreundes ist Inhaber einer bekannten Künstleragentur. Mein Freund meinte, wenn es einer schafft, mich mit einer gewissen Regelmäßigkeit ins Fernsehen zu bringen, dann er. Nach zwei persönlichen Gesprächen unterzeichneten wir einen Betreuungsvertrag. Es dauerte nicht einmal vier Wochen und ich hatte meinen ersten Auftritt in einer Live-Sendung. Daraus wurden in den nächsten zwölf Monaten 60 Beiträge. Das Ziel war erreicht – mit einem Mal war ich in Österreich, Südtirol, der Schweiz und in einigen deutschen Bundesländern eine bekannte Größe. Darüber hinaus wurde ich auch für andere TV-Sendungen engagiert. Meine Beiträge in Rundfunksendungen in Österreich, Deutschland, Italien und Spanien taten das Übrige, um meinen Bekanntheitsgrad zu erhöhen.

Abgesehen davon, dass mir diese Auftritte sehr viel Spaß machten und immer noch machen, wurde ich von Zeitungen und Magazinen entdeckt. Die Interviews und Beiträge in den Printmedien halfen ebenfalls, meinen Bekanntheitsgrad zu erhöhen und damit meinen Traum zu verwirklichen.

Als positiver Nebeneffekt waren meine Seminare und Vorträge noch mehr gefragt und meine Bücher verkauften sich noch besser – und das alles nur, weil ich mein Beziehungsnetzwerk genutzt hatte. Beziehungsnetzwerke sind eine wichtige und sehr wertvolle Unterstützung auf dem Weg zum Erfolg.

Bitte bedenken Sie: Nicht alles kann man über Beziehungen erreichen. Also überschätzen Sie bitte nicht die Bedeutung Ihres Netzwerks. Zu Ihrem persönlichen Erfolg müssen in erster Linie Sie selbst einen großen Beitrag leisten. Knüpfen Sie Kontakte, wann und wo immer Sie können. Tauschen Sie Visitenkarten aus, wann und wo immer sich die Gelegenheit dazu bietet. Reden Sie mit den Leuten, machen Sie sich bekannt. Erlernen Sie die Kunst des Small Talks. Ja, Sie haben richtig gelesen: Erlernen Sie die Kunst des Small Talks! Vor Jahren noch verpönt, gilt Small Talk heute als wichtiger Erfolgsfaktor.

Interessieren Sie sich für Ihr Gegenüber. Fragen, fragen, fragen. Welche Interessen und Hobbys hat der andere, welchen Beruf übt er aus? Wohin geht es in den Urlaub? Lassen Sie Ihre Gesprächspartner über ihre Familie erzählen. Die meisten Menschen erzählen gern über sich und das, was sie bewegt. Man muss sie einfach nur fragen. Machen Sie doch einmal einen Test: Nutzen Sie in der nächsten Zeit jede Gelegenheit, um Fragen zu stellen. Sie werden die Erfahrung machen, dass jeder Mensch gern über sich erzählt – und wenn es sein muss, einen ganzen Abend lang. Und niemand kommt auf die Idee, Ihnen Fragen zu stellen. Machen Sie sich als Zuhörer beliebt, seien Sie hilfsbereit, wann immer sich eine Gelegenheit ergibt. Und pflegen Sie Ihre neuen Freundschaften.

Beziehungsnetzwerke sind nur dann etwas wert, wenn man sie entsprechend pflegt. Wenn Sie sich immer nur dann beim anderen melden, wenn Sie gerade etwas von ihm brauchen, werden Sie sich auf lange Sicht nicht beliebt machen und Ihr Netzwerk wird langsam, aber sicher einschlafen. Niemand will auf Dauer mit Menschen zu tun haben, die ihn immer nur ausnutzen.

Netzwerkpflege bedeutet Kontakt halten – auch dann, wenn Sie nichts brauchen. Zeigen Sie Ihrem (neuen) Teammitglied, dass es Sie vor allem als Mensch interessiert. Fallen Sie nicht gleich beim ersten Treffen mit einem Anliegen ins Haus. Lassen Sie sich Zeit, irgendwann ergibt sich ganz sicher eine Gelegenheit, bei der Sie Ihr Anliegen präsentieren können.

Sie müssen sich auch nicht immer mit allen Leuten treffen. Ein netter Telefonanruf genügt oft auch. Netzwerkpflege kostet Zeit. Sie müssen bereit sein, ein paar Minuten täglich zu opfern, um Ihr Beziehungsnetzwerk zu pflegen. Pflegen Sie Ihre Kontakte und man wird Ihnen helfen!

Jetzt kommt Ihre Aufgabe. Schreiben Sie unten die Namen aller Personen auf, die im weitesten Sinne zu Ihrem Beziehungsnetzwerk gehören. Das sind neben Ihrer Familie alle Verwandten, Freunde, Sportkollegen, Vorgesetzten, Arbeitskollegen, Bekannten, Nachbarn. Vielleicht kennen Sie jemanden, der in der Politik mitmischt. Kunden gehören ebenso auf Ihre Liste wie Lieferanten. Kennen Sie Ärzte, Rechtsanwälte, jemanden, der bei einer Zeitung als Journalist oder Redakteur arbeitet? Manchmal ist es hilfreich, jemanden zu kennen, der bei der Agentur für Arbeit oder einer anderen Behörde arbeitet.

Ihrer Fantasie sind keine Grenzen gesetzt – nur die, mit denen Sie sich selbst einengen. Seien Sie kreativ! Denken Sie an das Rätsel mit dem Elefanten im Kühlschrank. Wie oft haben Sie schon gesagt, dass etwas nicht gehen würde, und dann ging es doch! Es funktionierte, weil Sie eine kreative Idee zur Lösung der Situation hatten.

Beginnen Sie jetzt mit der Liste für Ihr Erfolgsteam. Sie kann gar nicht lang genug sein:

Wie viele Namen haben Sie aufgelistet? Zehn, 20, 50 oder mehr? Beginnen Sie jetzt damit, Ihre Liste in Hinblick auf die Realisierung Ihres Lebenstraums zu reduzieren. Stellen Sie sich bei jedem Namen die Frage, ob und wie Ihnen gerade diese Person bei der Verwirklichung Ihres Vorhabens helfen könnte. Markieren Sie die Namen mit einem Leuchtstift und beginnen Sie mit der Kontaktpflege.

Irgendwann erzählen Sie dann begeistert über das, was Sie vorhaben, und man wird Ihnen helfen! Aber denken Sie immer daran: Ihr Beziehungsnetzwerk ist keine Einbahnstraße. Auch Sie müssen bereit sein, anderen zu helfen – auch oder gerade dann, wenn es nicht ganz einfach ist. – Viel Erfolg, Sie schaffen es!

20

Freunde gewinnen

Wir alle wünschen uns Menschen, die uns schätzen und lieben. Manchmal behauptet jemand, es sei ihm egal, ob er von seinen Mitmenschen geschätzt wird oder nicht. Gehen Sie davon aus, dass das nicht stimmt.

Viele Menschen ziehen sich, zum Beispiel aus Selbstschutz, in sich zurück, um nicht verletzt zu werden. Die Sehnsucht nach Anerkennung und Liebe ist ohne jeden Zweifel eine der stärksten Triebkräfte des Menschen.

Das Gefühl, nicht erwünscht zu sein, führt häufig schon in der Kindheit zu psychischen Störungen, die sich bis zu psychosomatischen Beschwerden bzw. Erkrankungen ausweiten können. Das heißt, es kommt zu echten physischen Krankheitsbildern, deren Ursache in unbewältigten psychologischen Problemen zu suchen ist. Davon kann jedes Organ vom Herzen über Magen und Darm bis zur Haut oder Lunge betroffen sein.

Wenn Sie das Gefühl haben, von niemandem geschätzt, geliebt und gebraucht zu werden, sollten Sie ernsthaft etwas dagegen unternehmen – allein schon deshalb, weil Sie nicht krank werden möchten. Dabei kann es sehr hilfreich sein, das eigene Selbstwertgefühl systematisch aufzubauen. Das kann man lernen (siehe Kapitel 16, „Das Selbstwertgefühl – die zentrale Instanz“).

Niemand schafft es, bei allen Menschen gleichermaßen beliebt zu sein. Worin liegt nun das Geheimnis der Menschen, die von beinahe jedem geliebt und geachtet werden? Beliebt ist, wer sich seine Natürlichkeit bewahrt. Wer ununterbrochen krankhaft nach Popularität und Zuneigung giert, wird beides nicht erreichen.

Vor einiger Zeit ging ich mit zwei Freunden zum Abendessen aus. Einer von ihnen ist ein pensionierter Wirtschaftstreuhänder, der andere ein beliebter Allgemeinmediziner im Ruhestand. Der Wirtschaftstreuhänder, ein brillanter Kopf, zählte in seiner aktiven Zeit viele bekannte Unternehmen zu seinen Klienten. Seit er die Kanzlei verkauft hat, lebt er gesellschaftlich im luftleeren Raum: keine Einladungen mehr, niemand, der ihn anruft und fragt, wie es ihm geht.

Früher, als er noch der erfolgreiche Wirtschaftstreuhänder war, konnten die Leute gar nicht genug von ihm bekommen. Jeden Abend hatte er zumindest eine Einladung. Alle zeigten großes Interesse an seiner Person. Niemand interessiert sich heute für ihn.

Der Arzt meinte, er könne sich nicht beklagen. Er habe jeden Tag ein volles Programm. Seine ehemaligen Patienten und viele andere Menschen hielten ihn ganz schön auf Trab: Einladungen, Bitten um Hilfe oder einfach nur ein nettes Gespräch.

Warum ist der eine so einsam und der andere so beliebt? Der Arzt war in den vielen Jahren, in denen er seine Praxis führte, niemals nur auf seinen Vorteil bedacht. Er tat viel Gutes, einfach weil er die Menschen liebte. Er hatte immer Zeit für ein paar freundliche Worte, war ein guter Zuhörer und half vielen Menschen, auch wenn sie nicht seine Patienten waren. Oft reichte schon ein Telefonat mit der richtigen Person an der richtigen Stelle – wenig Aufwand für ihn, aber eine große Hilfe für den anderen.

Der Wirtschaftstreuhänder hingegen hatte keine Zeit und schon gar kein Interesse daran, seine kostbaren Stunden mit derart unnützen Dingen zu vergeuden. Ihm ging es immer nur ums Geschäft. Die Menschen interessierten ihn nicht. Am Ende des Lebens wird uns immer die Rechnung präsentiert. Wer nie Interesse an seinen Mitmenschen hatte, darf nicht erwarten, dass man sich für ihn interessiert.

Thomas ist 40 und ein erfolgreicher Manager in einem internationalen Konzern. Die Konzernzentrale verlangt, dass er die vorgegebenen Zahlen erreicht – wie, das ist sein Problem.

Der Druck durch die Konzernzentrale ist groß – so groß, dass Thomas jeden Tag bis zu 14 Stunden arbeitet und auch an den Wochenenden zumindest einen Tag im Büro verbringt. Langsam beginnt sein Familienleben darunter zu leiden. Wenn er dann spätabends nach Hause kommt, ist er regelmäßig zu müde, um sich mit seiner Frau zu unterhalten. Die Kinder schlafen ohnehin schon. Sie kennen ihren Vater, seit er in der Firma ist, als Vater für einen Tag in der Woche – ein Tag, an dem er gern seine Ruhe hätte, weil er ausspannen möchte. Das Familienglück bröckelt langsam, aber sicher. Daran ändern auch die Geschenke nichts, die er Frau und Kindern regelmäßig von seinen Geschäftsreisen mitbringt. Noch merkt er nicht, dass er dabei ist, seine Familie zu verlieren.

Was ihn beschäftigt, ist die enorme Fluktuation in seinem Betrieb. In der Hierarchieebene unter der seinen ist das ganz schlimm. Mitarbeiter kündigen am laufenden Band. Kaum jemand bleibt länger als ein paar Monate.

Er sieht in seinen Mitarbeitern nur funktionierende Rädchen im gut geölten Getriebe des Unternehmens. Die Menschen hinter den Funktionen mit all ihren Bedürfnissen, Schwächen und Eigenschaften, die sie so liebenswert machen, sind für ihn nicht wichtig. Die Leute haben zu funktionieren, das reicht. Das Betriebsklima war auf dem Nullpunkt angelangt, was ihm leider nicht auffiel.

„Was willst du?“, meinte er. „Wir bezahlen die besten Gehälter in der Branche. Ich kann und will nicht auch noch das Kindermädchen für meine Mitarbeiter spielen. Ich habe an keinem von ihnen ein persönliches Interesse. Das Einzige, was zählt, ist die Leistung. Ich mache mir Sorgen um die Produktivität. Dieses Problem muss ich in den Griff bekommen.“

Was meinen Sie? Wird er es schaffen, seine Familie zu retten, die Fluktuation in der Firma zu stoppen und die Arbeitsfreude zu steigern, ohne dass er sich selbst ändert? Was wird er ernten?

Vor einigen Jahren übergab einer meiner langjährigen Kunden mit 70 den Betrieb an seinen damals immerhin schon 48-jährigen Sohn. Ein kleines Büro durfte er für sich behalten. Dort verbrachte er während der nächsten zwei Jahre jeden Tag mindestens sechs Stunden.

Seine ehemaligen Mitarbeiter grüßten ihn freundlich, aber niemand holte mehr seinen Rat, seine Meinung ein. Genauso gut hätte er mit dem Hund spazieren gehen können, was vermutlich auch gesünder gewesen wäre. Sein Sohn führte den Betrieb mit seinen eigenen Ideen hervorragend. Der Vater hatte gehofft, dass irgendjemand in diesen zwei Jahren in sein Büro kommen würde, um etwas zu fragen oder um etwas zu bitten.

Mein Kunde machte, wie viele andere auch, eine schwere Zeit durch. Sein sehnlichster Wunsch war, für seine Mitarbeiter und für seinen Sohn da zu sein. Dieser Wunsch erfüllte sich leider nicht und er ging seelisch beinahe daran zugrunde.

Gerade noch rechtzeitig zog er die Notbremse. Er gab sein Büro in der Firma auf und stellte sich in den Dienst einer guten Sache. Hier erfährt er wieder die Wertschätzung, Liebe und Zuneigung, die er so lange vermisste.

Stellen Sie sich vor, Sie wären eine junge Frau, 25 Jahre alt, und erführen, dass Sie immer schon ein unerwünschtes Kind waren. Welche Auswirkungen hätte das auf Ihre Psyche? Keine? Das glauben Sie doch wohl selbst nicht! Der Gedanke, unerwünscht zu sein, entwickelt sich zur Gewissheit und verankert sich innerhalb kürzester Zeit in Ihrem Unterbewusstsein.

Daraus können sich starke Minderwertigkeitsgefühle entwickeln. Sie meiden den Umgang mit anderen Menschen. Sie verhalten sich ablehnend und ziehen sich immer mehr zurück, weil Sie das sichere Gefühl haben, nichts wert zu sein. Sie tun das mit sich selbst, was man normalerweise mit wertlosen Sachen macht: Man wirft sie weg. Das heißt, Sie werfen sich weg, weil Sie Ihrer Meinung nach ein wertloser Mensch sind.

In diesem und ähnlich gelagerten Fällen sind die Arbeit am eigenen Selbstwertgefühl und psychotherapeutische Hilfe sehr wertvoll. Aus einem unglücklichen jungen Menschen soll (wieder) eine glückliche und allseits beliebte junge Frau werden.

Ich möchte Ihnen ein paar Tipps geben, die Ihnen helfen, die Sympathien und die Freundschaft Ihrer Mitmenschen zu erringen:

- Machen Sie es den anderen nicht so schwer, sich Ihnen zu nähern. Seien Sie zugänglich und umgänglich. Schaffen Sie keine künstlichen Barrieren! Es soll doch nicht so sein, dass die Menschen von Ihnen sagen: „Man kommt nie ganz an ihn/sie heran."
- Verhalten Sie sich natürlich und seien Sie freundlich. Man soll sich in Ihrer Gegenwart so wohl fühlen wie in seinen bequemsten Laufschuhen oder im Lieblings-T-Shirt. Wenn Sie dagegen steif und ablehnend sind, wissen die anderen nie genau, was sie von Ihnen halten sollen und wie sie auf Ihr Verhalten reagieren sollen.
- Natürliche Persönlichkeiten sind großzügig. Kleinlichkeit verträgt sich nicht mit der Sympathie der Menschen.
- Wenn Sie der Meinung sind, dass Sie es im Umgang mit anderen nicht leicht haben, suchen Sie nach dem Grund dafür. Suchen Sie nicht zuallererst die Schuld bei den anderen, sondern halten Sie nach dem Ausschau, was Sie behindert. Vielleicht sind es bestimmte Eigenschaften, Hemmungen und Verhaltensweisen, die es Ihnen erschweren, Ihren Mitmenschen näher zu kommen. Eine solche Bestandsaufnahme bedeutet aber, dass man ehrlich zu sich selbst sein muss. Wenn Sie selbst nicht dahinterkommen, was es Ihnen so schwer macht, bei Ihren Mit-

menschen beliebt zu sein, bitten Sie eine Person Ihres Vertrauens um Hilfe.

- Manchmal fällt es Ihnen vermutlich nicht leicht, jemanden zu mögen. Machen Sie sich die Mühe und gehen Sie auf diesen Menschen einmal etwas mehr ein. Sie werden feststellen, dass Sie eine liebenswerte Eigenschaft, etwas, das wert ist, bewundert zu werden, bei beinahe jedem Menschen entdecken. Machen Sie die Herausforderung, bei jedem Menschen etwas Positives zu entdecken, zu einem Spiel, das Sie mit sich selbst spielen. Sehr bald schon gibt es beinahe niemanden mehr, bei dem es Ihnen nicht gelungen ist, zumindest eine positive Eigenschaft zu entdecken.
- Ein weiterer wichtiger Punkt: Fördern Sie selbstlos und ohne Hintergedanken so viele Menschen wie nur möglich. Wenn Sie selbstlos helfen, werden Sie keinen Mangel an wahren Freunden haben.
- Interessieren Sie sich ehrlich und aufrichtig für alles, was den anderen bewegt, und helfen Sie, wenn es Ihnen möglich ist.
- Nichts hört der Mensch so gern wie seinen eigenen Namen – vor allem dann, wenn er richtig ausgesprochen wird. Versuchen Sie sich möglichst viele Namen zu merken. (Wenn Sie sich hier weiterentwickeln möchten, empfehle ich Ihnen das Buch „Stroh im Kopf“ von Vera Birkenbihl, erschienen im mvg-Verlag.) Wenn Ihnen jemand seine Visitenkarte überreicht,

stecken Sie diese nicht achtlos weg, sondern studieren Sie sie und prägen Sie sich den Namen Ihres Gegenübers ein.

- Nehmen Sie sich selbst nicht zu wichtig. Demonstrieren Sie nicht dauernd, dass Sie alles besser wissen. Respektieren Sie die Meinung Ihrer Gesprächspartner. Wenn Sie einmal nicht umhinkönnen, sich zu äußern, stellen Sie Fragen zum Thema, die dann den Irrtum des anderen vielleicht aufklären, ohne diesen bloßzustellen. Oder sagen Sie einfach, dass Sie das anders gehört haben, aber gern bereit sind, eine andere Meinung zu akzeptieren.
- Suchen Sie nach möglichst vielen Gelegenheiten, anderen zu ihrem Erfolg zu gratulieren oder ihnen gegenüber bezüglich einer Sache, die Ihnen positiv auffällt, Ihre Anerkennung auszusprechen. Die Palette ist breit gefächert: Von Frisur und Outfit über eine gute Argumentation anderen gegenüber bis hin zur ehrlichen Bewunderung für das Fachwissen des Gegenübers gibt es unzählige Anlässe für Lob und Komplimente. Seien Sie kreativ, es gibt immer etwas, das Sie ansprechen können. Machen Sie es zu einem fixen Bestandteil Ihres Alltags. Damit geben Sie Ihren Mitmenschen, was diesen (uns allen) am meisten fehlt: den Mut, die Zuversicht und die Kraft, ihr Leben noch besser zu meistern.

Ihre Belohnung sind die Zuneigung und die Sympathie, die Ihnen entgegengebracht werden!

21

Gute Laune zu haben kann man lernen

Wie geht es Ihnen heute? Gut? Ausgezeichnet? Ist Ihre Stimmung meist unbeschwert und heiter? Herzlichen Glückwunsch! Sie gehören offenbar zur beneidenswerten Minderheit der Frohnaturen. Sie können sich das nicht vorstellen? Dann achten Sie doch einmal auf das, was Ihre Bekannten, Nachbarn oder Kollegen antworten, wenn Sie sich nach ihrem Befinden erkundigen. Vermutlich werden Sie sehr häufig ein von einem Seufzer begleitetes „Es muss ja“, „Man lebt so“, „Na ja …“ oder „Wie die anderen wollen …“ hören. Ein vergnügtes „Sehr gut“ oder „Mir geht's prima“ oder „Super“ hören Sie äußerst selten.

Wenn man Sie fragt, wie es Ihnen geht, und Sie antworten: „Es geht mir super“, sind die Leute überrascht und können gar nicht fassen, dass es jemanden gibt, dem es gut geht. Wie kann es in der heutigen Zeit jemandem gut gehen? Wie kann man nur so unverschämt gut gelaunt sein? In unserer Zeit betrachtet man Lebensfreude als seltenes Glück und nicht als Selbstverständlichkeit.

Normal sind Missmut, Ärger, Trübsinn und Sorgen. Sie werden als Begleiterscheinungen betrachtet, die man im Zusammenhang mit zwischenmenschlichen Konflikten, gesundheitlichen Problemen und beruflichen Belastungen wohl oder übel in Kauf nehmen muss. Der größte Teil des Glücks und Unglücks im Leben ist auf unsere Fähigkeit, langfristige Freundschaften und gute Beziehungen mit anderen Menschen einzugehen, zurückzuführen.

Daran, wie unsere Mitmenschen mit anderen auskommen, erkennt man das Wesen ihrer Persönlichkeit. Beobachten Sie einmal, wie oft Menschen miteinander lachen – in der Firma und privat. Wenn die Beziehung sich verschlechtert oder das gute Betriebsklima den Bach hinuntergeht, ist das Erste, was verschwindet, das Lachen. Im Anschluss daran gehen die Freude an der Arbeit und die Begeisterung für die Firma verloren.

Selbst wenn es Ihnen schlecht geht, sollten Sie das Lachen nicht verlernen. Es gibt immer einen Grund. Glauben Sie mir: Ich weiß, wovon ich spreche!

Machen Sie doch einmal – warum nicht gleich heute? – einen Lachtest und stellen Sie fest, ob Sie miteinander (noch) lachen können. Wenn Sie in Ihrer Beziehung, in der Familie nicht mehr miteinander lachen können, wenn im Unternehmen nur noch schlechte Stimmung herrscht, ist es höchste Zeit, dass Sie endlich wieder zu einer positiven Einstellung kommen. Dann kehren das Lachen und die Lebensfreude wieder zurück.

Sie sind Führungskraft? Dann sollten Sie wissen, dass eine Ihrer wichtigsten Aufgaben die Sicherstellung der Zufriedenheit Ihrer Mitarbeiter ist. Es ist Ihre Aufgabe, ein Klima des Optimismus und der Begeisterung zu schaffen. Wenn Sie durch Ihre Abteilung oder durch Ihren Betrieb gehen und es wird gelacht, sollten Sie glücklich sein. Wenn Sie kein Lächeln auf den Lippen Ihrer Mitarbeiter sehen, sollten Sie sich ernsthaft Sorgen machen.

Die amerikanische Immunologin Ann Futtermann von der University of California in Los Angeles dokumentierte in einem wissenschaftlichen Test, was unsere Vorfahren immer schon wussten: Lachen ist gesund. Positive Stimmungen haben einen verjüngenden Effekt auf wichtige Teile der Immunabwehr.

Die Lachforschung fand heraus, dass Kleinkinder bis zu 400-mal pro Tag lächeln oder lachen, Erwachsene leider nur maximal 15-mal. Mit dem Erwachsenwerden hat man das Lachen verlernt. Sprüche wie „Erst die Arbeit, dann das Vergnügen“ oder „Mit der Schule beginnt der Ernst des Lebens“ trugen das ihre dazu bei.

Gute Laune ist nicht das Privileg der Sonntagskinder und einiger verrückter Lebenskünstler. Jeder von uns verfügt über Heiterkeit und Lebensfreude. Niemand wird jubeln, wenn er krank ist,

Zahnschmerzen hat oder gerade eine Niederlage verkraften muss. Die häufigsten Auslöser für schlechte Stimmung sind nicht die großen Dinge des Lebens. Es sind vielmehr die täglichen ärgerlichen Kleinigkeiten, die kleinen Missgeschicke, die wir viel zu wichtig nehmen und als Katastrophen empfinden. Sie sind der Grund dafür, dass wir lustlos und mürrisch durchs Leben gehen.

Die Frage ist: Was können wir tun, damit es uns besser geht? Machen Sie einmal einen kleinen Test: Achten Sie in den nächsten Tagen etwas genauer darauf, worüber sich die Menschen in Ihrer Umgebung unterhalten. Sie werden überrascht sein: Die positiven Ereignisse, die schönen Dinge des Lebens werden als selbstverständlich hingenommen.

Entspricht etwas nicht ganz den Erwartungen und gibt es auch nur minimalen Anlass zur Kritik, wird aus einer Mücke ein Elefant gemacht – und wenn es nur das Frühstücksei im Hotel ist, das nicht weich, sondern hart gekocht auf den Tisch kommt. Darüber kann man sich gut und gern mindestens einen Tag, wenn nicht sogar länger so richtig ärgern. Dass man ein paar Minuten später ein weich gekochtes Ei als Ersatz bekommen hat, ist längst vergessen.

Es ist einfach super, wenn man sich so richtig ärgern kann! In unserer Welt sind Themen wie Krankheit, die Unzulänglichkeit anderer, Kummer und Sorgen viel beliebter als erfreuliche Themen wie Gesundheit, Glück und Erfolg.

Machen Sie eine kleine persönliche Bestandsaufnahme: Halten Sie fest, wie oft Sie Missgeschicke, widrige Umstände – das Wetter ist ein beliebtes Thema – oder die Fehler anderer beklagen. Welche düsteren Prognosen, wie „Man kann doch nicht Urlaub in diesem Land machen – viel zu gefährlich“ oder „Das geht bestimmt schief“, „Diesen Job bekomme ich nie“ stellen Sie? Überprüfen Sie ganz ehrlich Ihre pessimistische Grundhaltung.

Machen Sie es sich zur Gewohnheit, in Zukunft nur noch positive Formulierungen zu verwenden. Am Anfang werden sich vermutlich noch ein paar verirren, die nicht so positiv sind. Das spielt keine große Rolle. Sie haben sich selbst dabei ertappt, das zählt!

Ihr nächster Vorsatz: häufiger zu lächeln. Lächeln Sie beim Telefonieren – Ihr Lächeln kann man hören. Lächeln Sie, wenn Sie sich ärgern, und Ihre Gemütsverfassung wird sich schlagartig verbessern. Lächeln Sie, wenn Sie Fremden begegnen. Schauen Sie nicht grimmig drein, heben Sie einfach die Mundwinkel leicht an und schon lächeln Sie. So einfach ist das!

Wie oft ärgern Sie sich pro Tag? Beschließen Sie, sich nie mehr länger als eine Minute über eine Sache zu ärgern. Reservieren Sie am Abend, wenn Sie zu Hause sind, eine Stunde fürs Ärgern über die Ereignisse des abgelaufenen Tages. Ich nehme an, Sie werden sich den wohlverdienten Feierabend nicht damit verderben, dass Sie sich über Dinge ärgern, die genau genommen schon Schnee von gestern sind. Besser, Sie bleiben bei maximal einer Minute ärgern pro Ereignis. Nach drei Wochen verkürzen Sie die Ärgerzeit auf 30 Sekunden.

Machen Sie sich weniger Sorgen um das, was in Zukunft alles passieren kann, sondern konzentrieren Sie sich auf die Gegenwart. Ihr Leben spielt sich hier und jetzt ab. Genießen Sie den Augenblick!

Ärgern Sie sich nicht wochen- und monatelang über das, was vermasselt wurde oder was Sie verbockt haben. Das ist nicht mehr zu ändern. Weder Schuldgefühle noch Schuldzuweisungen können das Ereignis oder Ihre Handlung ungeschehen machen. Betrachten Sie das Gestern als Quelle nützlicher Erfahrungen und erinnern Sie sich lieber an die schönen Dinge, die Sie erlebt haben. Lernen Sie aus Fehlern, anstatt sich selbst und andere ständig zu beschimpfen und fertig zu machen.

Hegen Sie Befürchtungen? Die meisten Befürchtungen haben sich als unbegründet oder übertrieben erwiesen. Machen Sie eine Bestandsaufnahme: Welche Befürchtungen, die Sie in den letzten Monaten hatten, sind mit genau der Wucht, die Sie in Ihrer Fantasie erlebt haben, exakt so eingetreten?

Fruchtlose Grübelei über die Zukunft brachte noch niemanden weiter. Sehen Sie lieber positiv und voller Erwartung in die Zukunft. Malen Sie sich das positive Ergebnis in Ihrer Fantasie so plastisch wie möglich aus. Vorstellungen haben die Tendenz, sich zu verwirklichen – sowohl in der positiven Erwartung als auch in der negativen. Welchen Grund gibt es, sich das Schlechte zu wünschen? Wohl keinen!

Manche Dinge im Leben können wir nicht ändern. Üben Sie sich in Gelassenheit und lernen Sie, Unabänderliches zu akzeptieren und machen Sie das Beste daraus.

Widmen Sie Ihrem persönlichen Wohlbefinden möglichst viel Zeit. Schaffen Sie sich zumindest kleine Freiräume für das, was Ihnen Freude macht. In Zukunft sollte Ihr Motto sein: „Ich habe immer Zeit, vor allem für mich selbst!“

Achten Sie auf Ihren Gesichtsausdruck und Ihre Körperhaltung. Mit ernster Miene wirken Sie distanziert und abweisend. Ein Lächeln dagegen signalisiert, dass Sie optimistisch und aufgeschlossen sind. Halten Sie sich immer vor Augen: Ihre gute Laune ist genauso ansteckend wie Ihr Pessimismus.

Schaffen Sie sich täglich kleine angenehme Erlebnisse. Es sind die kleinen Dinge, die uns erfreuen. Ein schöner Augenblick ist eine wertvolle Bereicherung für unser Leben.

Unsere Verhaltensweisen, Worte, Gedanken, Einstellungen und unser Verhalten bestimmen unsere Stimmung und unsere Gefühle. Wir selbst können jederzeit frei entscheiden, was wir sagen, denken und tun. Es liegt in unserer Hand, ob wir fröhlich und heiter durchs Leben gehen oder nicht!

22

Die Sag-Nein-Strategie

Karin ist 41 und überaus hilfsbereit. Sie ist immer da, wenn sie gebraucht wird. „Ich habe überhaupt keine Zeit für mich, um das zu tun, was mir Freude macht. Manchmal komme ich mir vor wie Mutter Teresa. Wann immer jemand etwas von mir braucht, ich mache es – egal ob es eine Kollegin oder ein Kollege ist, meine Eltern, meine Schwester oder die Nachbarin, deren Blumen während ihres Urlaubs zu gießen sind – ich mache es! Ich komme gar nicht auf die Idee, Nein zu sagen. Vor lauter Hilfsbereitschaft habe ich überhaupt keine Zeit mehr für mich. Kraft tanken, die Batterien aufladen – ich habe einfach keine Zeit dafür. Und dabei müsste ich dringend auftanken."

Gehören Sie auch zu den Menschen, die nicht Nein sagen können? Zu jenen, von denen man alles haben kann? Im Büro landet alles, was anderen lästig ist, auf Ihrem Schreibtisch? Daheim sind Sie der Dienstbote für die ganze Familie? Auch Ihre Freunde und Bekannten wissen: Da gibt es jemanden, der immer hilft, zu jeder Tages- und Nachtzeit?

Frage: Machen Sie das, worum Sie dauernd gebeten werden, immer mit großer Begeisterung? Vermutlich nicht. Aber Sie können niemandem etwas abschlagen. Das Wort „Nein" gibt es in Ihrem Wortschatz nicht. Und wenn Sie einmal Nein sagen müssen, weil es sich einfach nicht anders machen lässt, haben Sie ein schlechtes Gewissen. Also sagen Sie doch lieber Ja. Irgendwie werden Sie es schon schaffen.

Sie können nicht aus Ihrer Haut, meinen Sie. Für sich selbst keine Zeit zu haben, darunter leiden viele Menschen. Aber die „Jasager" verschenken Zeit und Lebensqualität. Verschenkte Zeit kann leider nicht mehr nachgeholt werden. Die gute Nachricht ist: Sie können das ändern! Die schlechte Nachricht ist: Nur Sie können das ändern! Sie müssen nur den Mut haben und es wirklich wollen!

Am besten, Sie machen jetzt gleich eine Bestandsaufnahme: Wer nützt Ihre Gutmütigkeit laufend aus? Wer raubt Ihnen wertvolle Zeit und damit Lebensqualität? Wie viel Zeit setzen Sie dafür ein, das zu tun, was andere von Ihnen erwarten? Hier ist Platz für Ihre Analyse:

Sie wissen selbst am besten, für wen Sie wie viel Zeit für Gefälligkeiten und so genannte Freundschaftsdienste verplempern – Dinge, die Ihre Zeit, Ihre Nerven und manchmal auch Ihr Geld kosten. Lassen Sie sich von Ihren Mitmenschen nicht länger manipulieren! Starten Sie heute Ihr neues „Lebensqualität-Programm"!

Heute ist Ihr erster Tag mit neuer Lebensqualität!

Das Einzige, was Sie lernen müssen, ist, hin und wieder Nein zu sagen. Vermutlich sagten Sie früher auch schon Nein. Trotzdem taten Sie genau das, worum Sie gebeten wurden, was man von Ihnen forderte. Sie sagten zwar Nein, aber Sie hatten dabei ein so schlechtes Gewissen, dass ein wenig Druck von der anderen Seite genügte, und wieder einmal verloren Sie.

Wenn das nächste Mal einer Ihrer „Lebensqualität-Stehler" etwas von Ihnen fordert, lächeln Sie ihn freundlich an und sagen: „Nein, heute nicht." Machen Sie nicht den Fehler, ausführlich zu begründen, warum Sie Nein sagen. Wenn Sie das tun, lassen Sie sich vermutlich einmal mehr breitschlagen. Sie sagen Ja, weil Ihr schlechtes Gewissen zugeschlagen hat. Sagen Sie einfach: „Nein, heute nicht. Ich habe keine Zeit“ oder „Ich habe selbst viel zu tun“. Sie können auch sagen, dass es Ihnen keinen Spaß macht. Am Anfang wird Ihnen dazu vermutlich der Mut fehlen.

Erzählen Sie keine endlosen Geschichten als Entschuldigung. Halten Sie sich immer vor Augen: Der andere hat überhaupt kein schlechtes Gewissen, Sie monatelang, manchmal sogar schon jahrelang auszunutzen. Sehr bald schon werden Sie gelernt haben, zu selektieren. Sie werden erkennen, wo Ihre Hilfe wirklich gebraucht wird und wo nicht.

Wenn Sie Ihr Selbsthilfeprogramm für mehr Lebensqualität konsequent durchziehen, gewinnen Sie mehr Zeit für sich selbst und können endlich die Dinge tun, die Ihnen Spaß machen.

Ich möchte nicht den Eindruck erwecken, Sie müssten jetzt zum immer Nein sagenden Monster mutieren. Ich schlage Ihnen nur vor, in Zukunft selbst über Ihre Zeit zu bestimmen und nicht länger fremdgesteuert und nicht besonders glücklich durchs Leben zu gehen. Sie werden weder an Ansehen noch an Beliebtheit verlieren. Aber persönlich wird es Ihnen bald sehr viel besser gehen.

Ihr Leben wird endlich die Qualität besitzen, die Sie so sehr vermisst haben. Sie werden Zeit gewonnen haben für das, was Ihnen Freude macht. Und noch eine gute Nachricht: Ihre Umwelt gewöhnt sich sehr rasch an die geänderte Situation und niemand ist deswegen böse auf Sie!

23

Sprenge deine Grenzen

Erinnern Sie sich noch an das Rätsel mit der Frage, wie man es schafft, einen Elefanten in den Kühlschrank zu bekommen? Erinnern Sie sich auch noch an Ihre Reaktion auf die Lösung?

Den Mount Everest ohne Sauerstoff zu besteigen hielt man lange Zeit für unmöglich. So lange, bis Reinhold Messner es schaffte. Seit dieser „unmöglichen" Leistung schafften auch andere das Unmögliche und bestiegen den Mount Everest ohne Sauerstoff.

Wer hätte für die sagenhafte Karriere eines einfachen Burschen aus Österreich auch nur einen Cent verwettet? Vom Bodybuilder zum Terminator und schließlich zum Gouverneur von Kalifornien? Vor mehr als 25 Jahren hätte wohl niemand auf Arnold Schwarzenegger gesetzt. Er machte, wie viele andere vor und nach ihm, das scheinbar Unmögliche möglich. Wir wollen hier gar nicht vom technischen Fortschritt, von Wissenschaft und Medizin reden – Bereiche, in denen das

Unmögliche zu schaffen täglich von Neuem die Herausforderung ist.

Vielleicht schaffte sogar in Ihrem Bekanntenkreis jemand etwas, woran niemand glaubte. All diese Menschen erreichten „nicht erreichbare Ziele“, weil sie eine andere Sichtweise hatten als andere.

Robert H. Schuller erzählt in seinem Buch „365 Zeichen der Hoffnung“ (Gerth Medien GmbH, 2004) die Geschichte eines Mannes, der auf einem Landesteg saß und angelte. Sobald er einen Fisch gefangen hatte, maß er seine Länge. Alle, die kleiner als 25 Zentimeter waren, landeten in seinem Korb. Die größeren warf er wieder zurück ins Wasser.

Ein Mann beobachtete dieses Ritual eine ganze Weile und dachte, der Angler wäre verrückt. Neugierig geworden fragte er den Angler: „Sagen Sie, warum werfen Sie die großen Fische zurück ins Wasser und behalten nur die kleinen?“ – „Ganz einfach“, antwortete der Fischer, „meine Bratpfanne hat leider nur 25 Zentimeter Durchmesser.“

Irgendwie sind wir wie dieser Angler. Die großen Ideen, die wir im Kopf haben, werfen wir weg, weil wir nicht glauben können, dass sie realisierbar sind, und weil wir denken, dass sie nicht in die Bratpfanne oder in unseren Kühlschrank passen. Was wir behalten, sind die kleinen Ideen, von denen wir meinen, dass sie leicht zu verwirklichen sind.

Machen Sie es sich zur täglichen Gewohnheit, an die großen Ideen zu glauben. Lassen Sie Ihrer Fantasie freien Lauf und engen Sie sie nicht dadurch ein, dass Sie ihr enge Grenzen setzen. Wenn Sie groß denken, ebnen Sie den Weg für große Leistungen.

Verbannen Sie einschränkende Gedanken und Ausreden wie „Das schaffe ich nie“, „Ich bin nicht so intelligent wie die anderen“ und ähnliche negative Aussagen über sich selbst.

Welches ist Ihre Lieblingsausrede?

Schreiben Sie sie auf:

____

____

____

Liest sich nicht so toll, meinen Sie? Sie haben Recht! Vergessen Sie alle negativen Gedanken und ersetzen Sie sie durch positive! Kehren Sie jetzt Ihre Lieblingsausrede ins Positive um, also zum Beispiel: „Ich bin klug genug, es zu schaffen.“

____

____

____

Das klingt doch schon besser, oder? Sie müssen daran glauben, dass Sie schaffen, was Sie sich vorgenommen haben. Haben Sie Vertrauen in sich selbst. Dass Sie für die nötigen Kenntnisse und

Ressourcen sorgen müssen, haben wir bereits besprochen.

Vielleicht machten Sie in der Vergangenheit negative Erfahrungen. Man verletzte Sie, Sie wurden besiegt, man demütigte Sie, überging Sie bei einer beruflichen Chance? Sie wollen das alles nicht noch einmal erleben, Sie haben Angst, wieder verletzt zu werden? Deshalb geben Sie sich mit den kleinen Fischen zufrieden und machen sich keine Gedanken darüber, wie Sie den Elefanten vielleicht doch noch in den Kühlschrank bekommen. Sie könnten ja wieder eine Niederlage erleiden.

Solange Sie Angst vor den Erlebnissen der Vergangenheit haben, werden Sie niemals die innere Freiheit erlangen, die Sie in die Lage versetzt, scheinbar Unmögliches zu schaffen.

Welche negativen Erfahrungen aus der Vergangenheit belasten Sie? Schreiben Sie sie auf:

____

____

____

____

____

____

____

Denken Sie jetzt an das Sprichwort, das besagt, dass es keinen Nachteil, kein negatives Erlebnis gibt, das nicht auch einen Vorteil mit sich bringt.

Die Diagnose Prostatakrebs war eine sehr negative Erfahrung für mich. Aber daraus ergaben sich auch wichtige positive Dinge. Ich lernte wieder, innezuhalten und den Augenblick zu genießen. Nach vielen Jahren, die ausgefüllt waren mit Arbeit, Familie und Freunden, fielen mir mit einem Mal wieder die kleinen, unauffälligen Dinge des Lebens auf: die schönen Bäume im Park des Krankenhauses, die Schwalben, die hoch am Himmel ihr Spiel trieben. Ich freute mich wie ein Schneekönig, als ich nach der Operation zum ersten Mal ohne fremde Hilfe das Bett verlassen konnte.

Betrachten Sie die negativen Erfahrungen der Vergangenheit noch einmal aus einem anderen Blickwinkel. Welche positiven Entwicklungen ergaben sich aus den negativen Erfahrungen für Sie? Sagen Sie jetzt bitte nicht „gar keine“, denn das stimmt sicher nicht. Denken Sie einfach ein paar Minuten darüber nach und schreiben Sie die Antwort dann auf:

____

____

____

____

____

____

____

____

____

Sehen Sie, durch Ihre positive Betrachtungsweise haben Sie geschafft, dass alles, was Sie aus der Vergangenheit belastet, mit einem Mal nicht mehr so schwer wiegt. Halten Sie sich immer vor Augen: Was gestern war, können Sie nicht mehr ändern, auch wenn Sie es sich noch so sehr wünschen. Betrachten Sie das, was Ihnen widerfahren ist, als eine wertvolle Erfahrung. Haben Sie einen Fehler gemacht, können Sie ihn nicht mehr ungeschehen machen, aber Sie können daraus lernen! Sprengen Sie die geistigen Grenzen, die Sie sich gesteckt haben oder die Ihnen von anderen eingeredet wurden – „Schuster, bleib' bei deinen Leisten" oder „Der Spatz in der Hand ist besser als die Taube auf dem Dach" –, Sie haben für Sie keine Bedeutung mehr.

Denken Sie groß! Glauben Sie daran, dass Sie alles schaffen können, was Sie sich vornehmen. Der Sieg gehört Ihnen!

24

Erfolg durch innere Balance

Immer wieder bewundern wir Menschen, die glücklich und harmonisch durchs Leben gehen. Menschen, die in innerer Harmonie mit sich selbst leben und es schaffen, Kräfte freizusetzen, wann immer sie sie benötigen. Sportler, Künstler, Ärzte, Wissenschaftler, Wirtschaftsbosse und Geistliche, Hausfrauen, Studenten haben den Weg zu innerer Balance gefunden. Arme Menschen leben, unverständlich für andere, glücklich und harmonisch und strahlen eine beneidenswerte Ruhe aus – eine Ruhe, die ihnen die Kraft gibt, die Herausforderungen des Lebens zu meistern.

Welches ist das Geheimnis dieser Glücklichen? Eine Wunderdroge? Irgendetwas Geheimnisvolles, das wir nicht kennen? Nehmen wir einmal den Alltag der „normalen“ Menschen etwas genauer unter die Lupe:

Es gibt heute kaum jemanden, der nicht über Stress klagt. Viele leiden sogar schon unter den schädlichen Auswirkungen von Dauerstress. Erst wenn der totale Zusammenbruch kommt, beginnt man sich Gedanken zu machen. Da wird über zu viel Arbeit, über Schwierigkeiten mit Mitarbeitern, Kunden und Lieferanten geklagt, über den Stress im Privatleben, finanzielle oder sexuelle Probleme. Schlafstörungen, Herzrasen, Magenbeschwerden und Allergien beherrschen unser Leben. Man hat den ganzen Tag schlechte Laune, ist nervös und kann sich nicht mehr konzentrieren. Berufliche Misserfolge häufen sich und das Privatleben ist fernab jeder Harmonie. Die Lebensfreude ist auf dem Nullpunkt.

„Man müsste etwas dagegen tun", seufzen viele. Aber unternommen wird nichts. Dabei kann man sich selbst mit ganz einfachen Mitteln entscheidend helfen. „Mehr Erfolg durch innere Balance" heißt die Lösung. Wer in sich ruht, hat auch die Kraft, selbst unmöglich Erscheinendes zu schaffen und neue Lebensfreude zu gewinnen. Damit ist das Leben wieder lebenswerter. Der einzige Haken an der Sache ist, dass man dafür pro Tag etwa 20 bis 30 Minuten seiner kostbaren Zeit opfern muss. Kein sehr hoher Preis für mehr Lebensglück. Meinen Sie nicht auch?

Was können Sie tun, um sich bald wieder besser zu fühlen, erfolgreicher zu werden, mehr Harmonie in Ihre Partnerschaft zu bringen – mit einem Wort, um wieder glücklich zu sein? Versuchen Sie es doch einmal mit regelmäßigem Entspannungstraining. Was für den Spitzensportler und viele Erfolgreiche gut ist, muss doch auch für Sie einen

Nutzen haben. Ich präsentiere Ihnen auf den nächsten Seiten verschiedene Entspannungs- und Konzentrationstechniken, mit deren Hilfe Sie zu mehr Ruhe, innerer Balance und neuer Lebensfreude kommen können. Jetzt zu den einzelnen Methoden:

Selbsthypnose

Die Selbsthypnose findet als Entspannungsmethode immer mehr Anhänger. Einsatzgebiete sind vor allem die Psychologie, verstärkt auch die Zahnmedizin, der Sport und immer häufiger die Wirtschaft.

Mithilfe verbaler Suggestionen oder bildhafter Vorstellungen versetzt sich der Trainierende in einen tranceähnlichen Bewusstseinszustand. Aufgrund ihrer hohen Wirksamkeit wird die Selbsthypnose immer häufiger als Methode zur Stressbewältigung, aber zum Beispiel auch für die Steigerung des Selbstwertgefühls eingesetzt.

Wo kann man Selbsthypnose erlernen? Sie haben mehrere Möglichkeiten: Entweder Sie kaufen eine entsprechende CD (gute CDs zum Thema haben Werner Eberwein und Arndt Stein produziert) oder Sie besuchen einen der zahlreich angebotenen Kurse.

Autogenes Training

Ende der 30er Jahre des letzten Jahrhunderts entwickelte der deutsche Arzt J. H. Schulz das autogene Training. Dabei lernt man unwillkürlich ablaufende Körperfunktionen wie Herzschlag, Körpertemperatur oder Schmerzwahrnehmung (z. B. Migräne, Zahnschmerz) bewusst zu beeinflussen. Durch wiederholte formelhafte Vorsatzbildungen wie „Ich bin ganz ruhig, mein Arm ist ganz schwer" wird eine zunehmende körperliche und geistige Entspannung erreicht.

Wo können Sie autogenes Training erlernen? Kurse für autogenes Training werden von Volkshochschulen und einer ganzen Reihe anderer Institute angeboten. Auch hierzu gibt es sehr gute CDs im Handel.

Progressive Muskelentspannung nach Jacobson

Der amerikanische Psychologe Edmund Jacobson machte 1927 sein Konzept zur progressiven Muskelentspannung als Methode zur körperlichen und geistigen Entspannung bekannt. Diese Technik ist heute in der westlichen Welt die wohl am weitesten verbreitete Entspannungstechnik.

Das Grundprinzip der progressiven Muskelentspannung besteht darin, nacheinander einzelne Muskelpartien kurzfristig anzuspannen und anschließend wieder zu lockern. Dabei geht man systematisch alle Muskelpartien durch: von der Gesichtsmuskulatur über die Muskeln des Oberkörpers (Hände, Unterarme, Oberarme), die Bauchmuskulatur, die Ober- und Unterschenkel bis zu den Füßen. Die progressive Muskelentspannung ist eine der einfachsten und effizientesten Entspannungstechniken.

Wo können Sie progressive Muskelentspannung erlernen? Am besten über CDs (z. B. die von mir produzierte CD „Körper und Geist harmonisieren", zu beziehen über www.kinauer.com). Progressive Muskelentspannung können Sie auch in einem der zahlreich angebotenen Kurse erlernen.

Meditation

Meditation bezeichnet man als „Weg nach innen", wobei es verschiedene Formen der Meditation gibt. Alle Meditationstechniken haben eine Gemeinsamkeit: das In-sich-Versenken durch Schweigen und Lauschen nach innen.

Dabei zentriert man seine Aufmerksamkeit auf eine sich monoton oder rhythmisch wiederholende Reizquelle – z. B. Musik (gern werden tibetische Klangschalen eingesetzt). Man kann sich aber auch auf die Beobachtung des eigenen Atems – vorwiegend des Ausatmens – konzentrieren.

Die Effekte der Meditation können sehr positiv sein. Alle Meditationsformen kommen ausnahmslos aus dem fernöstlichen Kulturkreis.

Wo können Sie meditieren lernen? Viele Volkshochschulen, buddhistische Zentren und verschiedene andere Institute bieten sehr gute Meditationskurse an. Darüber hinaus gibt es ein begrenztes Angebot an guten CDs.

Biofeedback-Training

Biofeedback-Training gibt es seit nunmehr über 80 Jahren. Es handelt sich dabei um eine wissenschaftlich anerkannte, sehr effiziente Methode zum Stressabbau (auf die vielfältigen anderen Einsatzgebiete gehe ich hier nicht ein).

Beim Biofeedback-Training werden bestimmte unbewusste Körperfunktionen durch elektronische Geräte hörbar und sichtbar gemacht. Dazu gehören unter anderem Muskelanspannungen und Verspannungen, veränderte Körpertemperatur, Schweißproduktion, Gehirnwellen.

Ich gehe hier nur auf das Hautwiderstands-Biofeedback-Training näher ein, weil es für das Entspannungstraining am interessantesten ist. In unserer hektischen Zeit haben wir es verlernt, auf die teilweise sehr schwachen Signale unseres Körpers zu hören. Was uns fehlt, ist das „Ohr" für unsere Innenwelt. Dieses „Ohr nach innen" ist jedoch unbedingt erforderlich, wenn wir der Vielfältigkeit unserer Gesundheits- und Leistungsprobleme wirksam begegnen möchten. Dieses „Ohr“ für unsere Innenwelt können die Biofeedback-Geräte ersetzen.

Stress kann zu teilweise dramatischen grundlegenden biochemischen Veränderungen im Organismus führen. Eine davon ist die Veränderung der Hautfeuchtigkeit. Diese Tatsache nutzt man für das Biofeedback-Training.

Biofeedback-Training macht auch dem Laien möglich, sich schon nach ganz kurzer Trainingsdauer in ein Entspannungsstadium zu versetzen, das mit dem der Tiefentspannung zu vergleichen ist. Die ersten messbaren Erfolge erzielt man schon nach wenigen Trainingssitzungen.

Seit Jahren ist Biofeedback-Training fixer Bestandteil des Trainingsprogramms vieler Spitzensportler in allen Disziplinen. In der Medizin wird Biofeedback u. a. erfolgreich in der Migränetherapie eingesetzt.

Wo können Sie Biofeedback-Training erlernen? Im medizinisch-technischen Fachhandel werden Hautwiderstands-Biofeedback-Geräte um ca. 400 Euro angeboten. Damit können Sie problemlos trainieren. Detaillierte Bedienungsanleitungen liegen den Geräten bei.

Sonstige Entspannungsmethoden

Darüber hinaus gibt es noch eine ganze Reihe anderer Entspannungstechniken wie Yoga, Tai Chi, Qigong, Farbtherapie, Akupunktur oder Akupressur. Zu allen besprochenen Entspannungstechniken gibt es neben Kursen und CD-Programmen auch ein reichhaltiges Angebot an Büchern.

Für welche Technik Sie sich entscheiden, ist Ihnen überlassen. Sie sollen sich dabei wohl fühlen. Bitte denken Sie daran: Um einen nachhaltigen und spürbaren Erfolg zu erzielen, müssen Sie etwa sechs bis acht Wochen regelmäßig trainieren. Hören Sie nicht auf, wenn Sie das Gefühl haben, dass es Ihnen schon viel besser geht, sondern machen Sie weiter. Entspannungstraining ist ein Dauerprogramm. Ihr tägliches Entspannungstraining sollte genauso zur (lieben) Gewohnheit werden, wie zweimal täglich die Zähne zu putzen.

25

Wie gehen Sie mit Misserfolgen, Fehlern und Niederlagen um?

Stellen Sie sich vor, Sie würden einen dreijährigen Jungen dabei beobachten, wie er mit Lego-Bausteinen versucht einen Turm zu bauen. Kurz vor Vollendung des Bauwerks fällt dieses in sich zusammen. Was macht unser kleiner Baumeister? Vermutlich wird er es noch einmal versuchen und vielleicht noch ein weiteres Mal. Gelingt der Turmbau nicht, gibt der Kleine irgendwann mehr oder weniger verdrossen auf.

Oder aber: Er hat es geschafft, sein Kunstwerk zu vollenden. Stellen Sie sich jetzt folgende Szene vor: Unser Baumeister ist nicht drei, sondern acht oder neun Jahre alt. Die Bausteine sind komplizierter geworden. Der beinahe vollendete Turm fällt wieder um.

Jetzt kommt die Überraschung: Der Junge sieht sich besorgt um, ob den misslungenen Versuch hoffentlich niemand bemerkt hat. Er hat bereits gelernt, dass Fehler in unserer Welt ein Zeichen von Schwäche und Unvermögen sind. Für Fehler wird man kritisiert und getadelt, aber niemals gelobt.

Diese Einstellung hemmt die Entwicklung unseres Selbstwertgefühls. Millionen Menschen haben diese einschränkenden Lernerfahrungen von Kindheit an gemacht. Und wie ist es in der Schule? Was hören wir da? „Fehler macht man nicht", „Menschen, die Fehler machen, sind dumm" und Ähnliches.

Der kleine Dreijährige hatte noch eine unverkrampfte Einstellung zu Misserfolgen und Fehlern. Das wird sich leider mit fortschreitendem Alter ändern.

Fehler gehören zu unserem Leben wie die Luft zum Atmen. Die erfolgreichsten Menschen aller Zeiten machten immer die meisten Fehler und verzeichneten die meisten Misserfolge. Aber sie lernten daraus und ließen sich nicht behindern, ihre Ziele auch weiter mit aller ihnen zur Verfügung stehenden Kraft und Kreativität anzustreben – so lange, bis sie sie erreicht hatten.

Wie halten Sie es mit Fehlern und Misserfolgen? Lautet Ihre Einstellung wie eine der folgenden: „Was habe ich daraus gelernt?", „Welche Schlüsse ziehe ich daraus für die Zukunft?", „Welchen Weg gehe ich, damit mir das nicht noch einmal passiert?".

Oder verdammen Sie sich selbst und erst recht andere, wenn diese Fehler machen? Es ruft nicht gerade Begeisterung hervor, wenn Fehler gemacht werden, aber wo Menschen am Werk sind, passieren sie nun einmal.

Die wichtigste Frage, die Sie sich und Ihrem Team, wenn Sie eines haben, stellen sollten, ist: „Was haben wir aus diesem Fehler gelernt und wie können wir vermeiden, dass das noch einmal passiert?"

Niemand sollte kritisiert oder gar niedergemacht werden. Was glauben Sie, wer am meisten leidet? Richtig! Diejenigen, denen das Unglück passiert ist! Wozu auch noch Salz in die Wunde streuen?

Dann gibt es noch die so genannten Berufskritisierer, die den ganzen Tag darauf lauern, Fehler bei anderen zu lokalisieren, um sie dann anständig in die Pfanne zu hauen. Hier eine wirkungsvolle Hilfe im Umgang mit solchen Zeitgenossen:

Bedanken Sie sich freundlich und herzlich dafür, dass Sie auf Ihren Fehler aufmerksam gemacht wurden. Jetzt kommt Ihre Chance: Bitten Sie Ihren Kritiker um Rat, wie Sie nach seiner Meinung den Fehler hätten vermeiden können. Fragen Sie, was Sie tun sollen, um solche Fehler in Zukunft nicht mehr zu machen. Ihrem Kritiker wird zunächst einmal die Luft wegbleiben. Das Letzte, womit Berufskritisierer rechnen, ist, dass sie sich Gedanken über eine zukünftige Fehlervermeidung machen sollen.

Wenn Sie sich diese Vorgehensweise zur Gewohnheit machen, werden Ihre notorischen Kritiker ihr Verhalten für die Zukunft genau überdenken. Bietet Ihr Kritiker eine Lösung an, nehmen Sie den Vorschlag dankend an. Und vielleicht haben Sie sogar etwas gelernt.

Diese Strategie sollten Sie aber nur dann anwenden, wenn Sie selbst eine gesunde Einstellung zu Fehlern haben. Vielleicht ist es auch notwendig, Ihre Einstellung zu korrigieren. Ändern Sie Ihre Einstellung, auch wenn es Ihnen, zumindest am Anfang, schwer fällt! Halten Sie sich immer vor Augen: Jeder Fehler erhöht die Wahrscheinlichkeit, dass es beim nächsten Mal klappt.

Stellen Sie sich – und wenn es noch andere Betroffene gibt, auch diesen – drei Fragen:

1. Worin liegt die Ursache dieses Fehlers?
2. Wie kann ich/können wir vermeiden, dass er wieder passiert?
3. Was habe ich/haben wir aus diesem speziellen Fehler gelernt?

Denken Sie immer daran: Fehler sind die Quelle Ihrer zukünftigen Erfolge!

26

Haben Sie Probleme?

Haben Sie sich schon einmal Gedanken darüber gemacht, warum manche Menschen so erfolgreich sind? Selbst in schwierigen Zeiten kommen sie an die Spitze. Sie meistern scheinbar mühelos jedes Problem. Oder haben sie am Ende überhaupt keine Probleme? Läuft in ihrem Leben alles einwandfrei? Keineswegs! Jeder Mensch hat Probleme. Das Geheimnis der Erfolgreichen liegt darin, wie sie mit ihren Problemen umgehen.

Welches ist Ihr Problem? Vielleicht sind Sie arbeitslos und glauben, dass ein neuer Job all Ihre Probleme lösen würde. Sehen Sie sich doch einmal um! Viele Menschen jammern bereits am Sonntagabend, dass am Montag eine neue Woche beginnt und sie wieder zur Arbeit müssen – in eine Firma, in der das Betriebsklima miserabel ist, zu einem Job, der sie unglücklich macht; von Montag bis Freitag, das sind fünf Tage, die keine Lebensqualität bieten. Sie schleppen sich Woche für Woche, Monat für Monat, Jahr für Jahr ins Büro oder in den Betrieb und verschwenden viele wertvolle Stunden mit negativen Gedanken, die sich ausschließlich auf die unangenehmen Seiten ihres Arbeitstages konzentrieren. Man arbeitet, um zu überleben, nicht aus Freude am Job und Spaß am Beruf.

Der Chef ist schuld an all dem Unglück am Arbeitsplatz, meinen viele. Wenn der Vorgesetzte endlich weg wäre, wäre man glücklicher, meint man. Andere wieder glauben, dass sie all ihre Probleme nicht hätten, wenn sie selbstständig wären. Dann könnten sie selbst bestimmen, wann, wo, was, mit wem und wie viel sie arbeiten.

Viele Unternehmer haben wesentlich mehr Probleme als ihre Mitarbeiter. Sie tragen die Verantwortung für ihre Mitarbeiter. Sie brauchen Aufträge, um die Gehälter bezahlen zu können. Sie haben Probleme mit Kunden, die nicht zahlen, mit Lieferanten, die schlecht oder verspätet liefern. Sie müssen den Einsatz ihrer Mitarbeiter effizient planen, haben ein Auge darauf, dass das Betriebsklima stimmt. Wenn Sie denken, Sie würden für Ihren Chef arbeiten, dann sollten Sie einmal darüber nachdenken, ob es nicht umgekehrt ist und Ihr Chef für Sie arbeitet. Arbeitgeber und Arbeitnehmer – wir alle haben Probleme.

Vielleicht zählen Sie die Tage, bis Sie endlich in Rente gehen können und dann endlich keine Probleme mehr haben werden. Keine Verantwortung mehr, einfach in den Tag hinein leben und genug Geld haben, um das Leben zu genießen. Ein

Leben wie im Paradies! Die Frage ist nur, warum sich so viele Menschen relativ bald langweilen, nachdem sie in den Ruhestand gegangen sind.

Andere wieder kommen sich unnütz vor, weil sie nicht mehr arbeiten dürfen, weil niemand mehr an ihrer Meinung interessiert ist, weil ihnen die Verantwortung fehlt, und manche werden schon nach ein paar Monaten Untätigkeit depressiv. Tatsache ist, dass viele Rentner wieder arbeiten möchten – und das nicht wegen des Geldes. Wie ist das mit dem Menschen, der es geschafft hat, der an der Spitze steht? Steht er über den Problemen? Glauben Sie mir: Auch Erfolg schafft Probleme.

Ich unterhielt mich in der Vergangenheit mit vielen erfolgreichen Menschen. Sie alle haben jeden Tag Probleme, die sie lösen müssen – Probleme, die manchmal sehr schwer wiegend und belastend sind. Denken Sie an die Kranken, die Behinderten, an die Alten, sie alle stehen jeden Tag vor neuen Problemen, die sie bewältigen müssen. Und trotzdem verzweifeln sie nicht und geben nicht auf. Nein, sie kämpfen, bis sie ihre Probleme im Griff oder gelöst haben. Wie gehen diese Menschen mit ihren Problemen um? Welches sind ihre Strategien? Hier stelle ich Ihnen nun fünf effektive Strategien zur Bewältigung von Problemen vor.

Strategie 1 zur Bewältigung von Problemen

Unterschätzen Sie niemals ein Problem, vor dem Sie stehen! Viele Menschen neigen dazu, ihre Probleme zu verniedlichen und zu verharmlosen:

Da ist der Raucher, der glaubt, er sei der einzige Nikotinsüchtige, der niemals Lungenkrebs bekommen wird. Der Übergewichtige, der unter gefährlich hohem Blutdruck und erhöhten Blutzuckerwerten leidet, unterschätzt die Gefahr, wenn er meint, mit ein paar Tabletten sei alles in Ordnung.

Die Schüler, die glauben, dass sie sich auch mit schlechten Noten im Abschlusszeugnis für das Studium oder eine Lehre qualifizieren, unterschätzen – häufig in Unkenntnis der Sachlage – den beinharten Kampf am Arbeitsmarkt. Andere wieder betreiben die berühmte Vogel-Strauß-Politik und ignorieren ihre Probleme einfach, weil sie ihnen – zumindest im Augenblick – nicht so schwer wiegend erscheinen.

Und viele Menschen unterschätzen – besonders wenn es einmal ganz dick kommt – ihre Fähigkeiten, mit dem Problem fertig zu werden. Denken Sie immer daran, dass unzählige Menschen vor Ihnen mit dem gleichen Problem zu kämpfen hatten. Lassen Sie Ihr geistiges Potenzial nicht brachliegen! Nehmen Sie eine positive Haltung ein und verwandeln Sie Ihre Probleme in kreative Erfahrungen! Machen Sie niemals den Fehler, sich selbst zu unterschätzen. Damit blockieren Sie Ihr Potenzial!

Strategie 2 zur Bewältigung von Problemen

Genauso wenig, wie Sie ein Problem unterschätzen sollen, sollen Sie es überbewerten. Lassen Sie nicht Gedanken der Ohnmacht und Hilflosigkeit Herr über Sie werden! Sie laufen damit Gefahr, dass das Problem Ihnen als so schwer wiegend erscheint, dass Sie keine Lösung mehr dafür sehen können.

Stellen Sie sich die Frage, ob Sie nicht etwas übertrieben reagieren. Vielleicht geht Ihr Geschäft nicht gut und Sie müssen sich mit dem Gedanken befassen, dass Sie eventuell schließen müssen. Wer sagt, dass Sie nicht etwas Neues, Erfolg Versprechendes anfangen können? Ihre momentane Arbeitslosigkeit bedeutet nicht, dass Sie bis zum Pensionsalter keine Arbeit mehr finden. Möchten Sie am liebsten alles hinschmeißen und Ihrem Leben ein Ende bereiten? Kann es nicht sein, dass Sie Ihr Problem übertreiben?

Erinnern Sie sich an Kapitel 13, „Berge versetzen“? Möchten Sie mit Schirin, die Aids hat, tauschen? Oder möchten Sie doch lieber Ihr Problem behalten?

Hören Sie auf damit, Ihr Problem zu übertreiben, und Sie werden damit fertig werden!

Strategie 3 zur Bewältigung von Problemen

Es ist schlimm genug, dass Sie ein Problem haben, das Sie belastet. Es bringt Sie nicht weiter, wenn Sie noch eins draufsetzen!

Wenn ein Problem auftaucht, ist es ganz normal, dass wir uns bedroht fühlen. Wir sind ängstlich, aggressiv, hasserfüllt, zynisch und voller Wut. „Eine normale Reaktion", werden Sie sagen.

Aber ich frage Sie: Können Angst, Wut und Hass unsere Lage verbessern? Sie können sicher sein, dass Sie diese und ähnliche Reaktionen auf Ihrem Weg zur Lösung des Problems nicht weiterbringen. Im Gegenteil, Ihre Lage wird sich verschlechtern und das kann teilweise dramatische Ausmaße annehmen.

Was bringt es, wenn Sie sich jeden Tag hasserfüllt im Spiegel betrachten, weil Sie zu dick sind und zu viel essen? Werden der Blick in den Spiegel oder die morgendliche Gewichtskontrolle Ihre Leibesfülle verändern?

Ein Bekannter von mir war über ein Jahr lang arbeitslos. Er verfluchte die Agentur für Arbeit, weil die nicht in der Lage war, ihm einen Job zu verschaffen. Das Fluchen veränderte nichts an seiner Situation. Er wurde immer verbitterter.

Wenn wir in Schwierigkeiten geraten, neigen wir dazu, nach Schuldigen statt nach Lösungen zu suchen. Machen Sie Ihr Problem nicht noch mächtiger, indem Sie noch ein oder mehrere Probleme drauflegen. Zerfließen Sie nicht vor lauter Selbstmitleid. Machen Sie sich nicht mit Hass und Wut kaputt.

Haben Sie Vertrauen in die Zukunft und glauben Sie ganz fest daran, dass Sie eine Lösung finden werden. Dann haben Sie eine reelle Chance!

Strategie 4 zur Bewältigung von Problemen

Sehen Sie die Möglichkeiten! Jede Medaille hat zwei Seiten. Jedes Problem birgt auch eine positive Seite in sich. Betrachten Sie Ihr Problem als neue Herausforderung, als neue Chance, die Sie gern annehmen. Das ist der erste Schritt zu einer kreativen Lösung.

Verlassen Sie die eingefahrenen Gleise, denken Sie in Möglichkeiten. Denken Sie lieber zu groß als zu klein. Häufig geht es nur um eine Entscheidung, die wir treffen müssen. Lesen Sie nach, was Sie aufgeschrieben haben, als ich Sie aufgefordert habe, über Ihre Talente, Begabungen und Fähigkeiten nachzudenken. Beginnen Sie *jetzt* mit der Umsetzung. Das ist der Weg von der Depression zur Begeisterung. Gehen Sie ihn!

Strategie 5 zur Bewältigung von Problemen

Geben Sie immer 100 Prozent! Ein Seminarteilnehmer, Verkaufsberater bei einer großen Versicherung, sagte einmal zu mir: „Man kann einfach nicht immer 100 Prozent geben, vor allem dann nicht, wenn das heute schon der fünfte Kunde ist."

Wenn ich ein Seminar abhalte, stehe ich ungefähr zehn Stunden am Tag vor meinen Teilnehmern und gebe zehn Stunden lang 100 Prozent. Als ich den Mann fragte, was er wohl von meinem Seminar halten würde, wenn ich nicht von morgens neun Uhr bis sieben Uhr abends eine tolle Performance liefern würde. „Dann wäre das Seminar nicht spannend und mitreißend, sondern zum Einschlafen langweilig", war die Antwort.

Für ihn aber war fünfmal eine knappe Stunde mit längeren Pausen dazwischen so anstrengend, dass er meinte, keine 100 Prozent geben zu können oder zu müssen. Er ist 28 Jahre alt. Viele Menschen scheitern nicht aus Mangel an Intelligenz, Erfahrung oder Talent. Sie scheitern, weil sie nicht 100 Prozent geben.

Seien Sie positiv, begeistert und fröhlich. Wenn Sie bereit sind, immer 100 Prozent zu geben und sich mit aller Kraft einzusetzen, werden sich die Türen des Erfolgs für Sie öffnen. Das garantiere ich Ihnen!

27

Sieben Strategien zur Bewältigung von Lebenskrisen

Eine Liebe endet unglücklich, der Partner geht fremd, ein geliebter Mensch stirbt. Man verliert seinen Arbeitsplatz, wird durch eine Krankheit aus dem Alltag gerissen. Ein Kind wird drogensüchtig oder der Berufswechsel führt uns in eine wildfremde neue Umgebung.

Wenn Menschen in eine schwere Lebenskrise geraten, haben sie häufig das Gefühl, ins Leere zu rasen. Nichts ist mehr so, wie es war. Wir haben das Gefühl, als ob uns der Boden unter den Füßen weggezogen wird. Wir glauben nicht, dass es jemals wieder bessere Zeiten geben wird, und haben große Angst vor einem psychischen und physischen Zusammenbruch.

Eine durchaus berechtigte Angst. Viele Betroffene verlieren jeglichen Lebensmut und finden – wenn überhaupt – erst nach langen Kämpfen wieder Zuversicht und innere Stabilität. Doch es gibt Menschen, die in schicksalhaften Krisen enorme Stärke und Energie entwickeln. Ihnen gilt unsere Bewunderung. Sie lassen sich selbst durch eine noch so ausweglos erscheinende Situation nicht auf Dauer entmutigen. Es scheint sogar, dass sie an der Herausforderung wachsen.

Es gibt unzählige Beispiele dafür, dass Menschen in der Lage sind, sich aus eigener Kraft vor dem Zusammenbruch zu bewahren. Sie sind die wahren Helden unserer Zeit. Sie fanden durch neue Herausforderungen neuen Lebensmut und ordneten ihr Leben neu.

Der verstorbene Schauspieler Christopher Reeve definiert Helden so: *„Ein Held ist ein gewöhnlicher Mensch, der die Kraft findet, sich mit Ausdauer und Beharrlichkeit in einer ausweglos erscheinenden Lage zurechtzufinden."*

Es gibt viele Helden: Sie durchleben Trennungen und zerbrechen nicht daran. Sie begleiten einen geliebten Menschen im Sterbeprozess und verzweifeln nicht. Sie verlieren ihren Arbeitsplatz, aber nicht ihren Mut. Sie werden misshandelt und fühlen sich dennoch nicht ihr Leben lang als Opfer.

Es gibt keine Rezepte dafür, wie man mit jeder Lebenskrise richtig umgehen soll. Jeder Mensch ist anders und jede Situation speziell. Wenn Ihre persönliche Krise Sie schwer belastet, wenn Sie einen Schicksalsschlag erlitten haben, mit dem Sie nicht fertig werden, tun Sie das, was die Heldinnen und Helden tun: *Akzeptieren Sie die Krise und die damit verbundenen Gefühle.*

Wenn das Schicksal mit voller Wucht zuschlägt, ist es nur natürlich, dass man im ersten Schock die Augen schließt und hofft, dass der Spuk vorbei ist, wenn man sie wieder öffnet.

In der ersten Phase einer akuten Krise ist die Angst vor dem Schmerz so groß, dass man versucht, die Situation zu leugnen. Viele Menschen tun dann häufig so, als sei überhaupt nichts geschehen. Sie gehen so rasch wie nur irgend möglich zur Tagesordnung über. Manche verfallen in hektische Aktivität oder betäuben sich mit Alkohol oder Medikamenten.

Lassen Sie sich Zeit. Weglaufen hilft nicht. Akzeptieren Sie, dass Sie im Augenblick weder einen klaren Gedanken fassen, noch eine Entscheidung treffen können. Haben Sie Geduld, es wird eine Zeit kommen, in der Sie wissen werden, was zu tun ist.

Suchen Sie sich einen Ort, an dem Sie sich wohl fühlen, und lassen Sie Ihren Gefühlen freien Lauf. Schämen Sie sich nicht Ihrer Tränen und Ängste.

Versuchen Sie nicht in der ersten Phase des Schmerzes Ihre Gefühle einzufrieren, indem Sie sich zusammenreißen. Wenn Sie Ihre Gefühle unterdrücken, ist es eine Frage der Zeit, wann sie „explodieren". Alkoholexzesse, Drogenabhängigkeit, Medikamentensucht, Depressionen und Selbstmordgedanken können die langfristige Folge eingefrorener Gefühle sein.

Suchen Sie nach Lösungen

Es gibt grundsätzlich zwei Möglichkeiten, auf Krisen zu reagieren. Man kann klagen: „Warum passiert das gerade mir?“, „Womit habe ich das verdient?“, „Wie konnte das geschehen?“, „Das überstehe ich nicht, es ist so schrecklich!“.

Man kann aber auch sagen: „Ich habe nicht erwartet, dass mir so etwas widerfährt, aber es ist nun einmal geschehen und es steht nicht in meiner Macht, es ungeschehen zu machen. Vor mir liegt eine schwierige und schmerzhafte Zeit. Was kann ich tun, um sie zu meistern?“

Grübeln Sie nicht unentwegt über das Problem nach, sondern suchen Sie – auch wenn der Schmerz noch so groß ist – nach Lösungsmöglichkeiten. Wir können nicht beeinflussen, was mit uns geschieht, aber wir können entscheiden, welche Folgen das Geschehen für uns hat.

Versuchen Sie nicht, Ihre Schwierigkeiten im Alleingang zu lösen

Wenn man Familie oder ein festes soziales Netz von Freunden hat, ist es einfacher, mit Schicksalsschlägen fertig zu werden. Achten Sie darauf, dass Sie sich in Ihrer Not an die richtigen Personen wenden – an Menschen, die Ihnen Mut machen.

Sprücheklopfer, die leere Phrasen dreschen – wie z. B.: „Die Zeit heilt alle Wunden“, „Du musst stark sein – schon wegen der Kinder", „Es lohnt sich nicht, über verschüttete Milch zu klagen", „Anderen geht es noch schlechter als dir", „Das Leben geht weiter", „Wenn ich je etwas für dich tun kann, ruf mich an" –, sollten Sie unbedingt meiden.

Fühlen Sie sich nicht als Opfer

Wenn Sie mitten in einer Krise stecken, wird die Situation durch das Opferdenken noch schlimmer, als sie ohnehin schon ist. Man sieht alles nur noch grau in grau. Es gibt keine Hoffnung auf Veränderung. Äußerungen wie „Ich kann nicht mehr", „Ich werde nie mehr glücklich sein", „Ich weiß nicht, was ich tun soll" sind an der Tagesordnung.

Sie können es schon als großen Erfolg feiern, wenn es Ihnen nach einer gewissen Zeit gelingt, statt „Ich kann nicht" zu sagen: „Ich werde es versuchen." Das ist der erste Schritt, mit dem Sie wieder Kontrolle über das Geschehen gewinnen.

Bleiben Sie optimistisch

Bemühen Sie sich um eine optimistische Lebenseinstellung. Sie können nur dann widerstandsfähig sein, wenn Sie fest davon überzeugt sind, dass sich früher oder später alles wieder zum Positiven wenden wird.

Geben Sie sich nicht selbst die Schuld an allem

Es ist fast unvermeidlich, dass man sich am Beginn einer Krise mit Selbstvorwürfen quält und Schuldgefühle hat. „Hätte ich nur nicht so viel gearbeitet, dann hätte sie mich nicht verlassen“, „Wäre ich nur aufmerksamer gewesen …“.

Beenden Sie diese Selbstanklagen möglichst bald. Schätzen Sie Ihren persönlichen Anteil, Ihre Verantwortung an der Krise realistisch ein. Bemühen Sie sich, zu erkennen, was andere Menschen oder die Umstände dazu beigetragen haben. Je mehr externe Faktoren verantwortlich sind, desto geschützter ist das eigene Selbstwertgefühl. Die Chance, über einen Schicksalsschlag schneller hinwegzukommen, wird dadurch wesentlich größer.

Planen Sie voraus

Manchmal ist es hilfreich, sich in Zeiten, in denen noch kein Anlass zur Sorge besteht, die Frage zu stellen: „Was wäre, wenn …“ So werden Sie von Wendepunkten in Ihrem Leben und den damit verbundenen Problemen nicht völlig überrascht. Sie sind gedanklich darauf vorbereitet.

So manche Ehe würde nicht vor dem Scheidungsrichter enden, wenn sich die Paare mit den Problemen und Herausforderungen beschäftigen würden, die im Laufe des Zusammenlebens auftreten können. Menschen, die sich mit dem Älterwerden auseinander setzen, bewältigen die damit verbundenen Veränderungen besser.

Wenn einmal nichts mehr so ist, wie es war, sind wir oft stärker, als wir denken. Wenn Sie diese sieben Punkte beherzigen, werden Sie in Zukunft mit eventuellen Schicksalsschlägen leichter fertig werden.

28

Lassen Sie sich helfen

Wir haben schon darüber gesprochen, dass uns ein Team sehr helfen kann, unsere Ziele zu erreichen, unsere Träume zu realisieren. Auch in Krisenzeiten ist Hilfe von außen sehr wertvoll. Lassen Sie sich helfen und machen Sie es den anderen nicht so schwer! Wenn Sie ein Problem haben, kann man Ihnen nur dann helfen, wenn Sie offen für die Hilfe sind, die Ihnen angeboten wird.

Machen Sie sich keine Sorgen, dass Sie andere mit Ihren Problemen belasten könnten. Glauben Sie mir: Menschen, die zu Ihrem Team gehören, empfinden es niemals als Belastung, sondern immer als Kompliment, Ihnen helfen oder Sie trösten zu dürfen. Ihre Bitte um Hilfe ist ein Riesenkompliment für Ihre Familie, Ihre Freunde und Kollegen.

Die Bitte um Hilfe bedeutet, dass Sie diesem Menschen, den Sie darum bitten, vertrauen, dass Sie sich auf ihn verlassen können, dass Sie keine Angst haben müssen, dass gleich die ganze Welt erfährt, worum es geht. Sie drücken mit Ihrer Bitte um Hilfe sowohl Ihre Hochachtung vor der Kritik, den Ansichten und Ratschlägen des anderen aus als auch Ihre Hoffnung, dass der andere Ihnen zeigen kann, welche Richtung Sie einschlagen müssen.

Ihre Bitte um Hilfe bedeutet vor allem, dass Sie viel von dem anderen halten und auf ihn hören wollen. Ihr Vertrauen bedeutet Streicheleinheiten für seine Seele und so bauen Sie ganz nebenbei auch noch sein Selbstwertgefühl auf.

Seien Sie offen für Hilfe von außen und vertrauen Sie einigen wenigen Menschen, die Ihnen wirklich helfen wollen. Lassen Sie sich auf Ihrem Weg zum Ziel oder aus der Krise helfen und Sie werden weiter vorankommen!

29

Haben Sie einen besten Freund?

Wie definiert man „bester Freund“? Welche Eigenschaften soll er besitzen? Wie soll er sich mir gegenüber – auch oder gerade – in schwierigen Situationen verhalten? Was genau erwarten wir von unserem besten Freund?

Lassen Sie es mich so ausdrücken: Mein bester Freund ist jemand, der immer ehrlich zu mir ist, bei dem ich niemals fürchten muss, von ihm verraten oder abgelehnt zu werden. Mein bester Freund ist immer für mich da, wenn ich ihn brauche. Er liebt mich so, wie ich bin. Gibt es in Ihrem Leben eine Person, die diese Kriterien erfüllt?

Ich habe das Glück, dass ich einen besten Freund habe: meine Frau. In den letzten 20 Jahren half sie mir, aus Situationen, die mich verletzten, gestärkt hervorzugehen. Sie konnte mich sehr oft auf das Positive aufmerksam machen, wenn sie merkte, dass ich auf eine Sache negativ reagierte. Sie besitzt die einmalige Fähigkeit, zu erkennen, wenn ich mich in einer Situation auf den falschen Weg begebe, und mich energisch und bestimmt darauf hinzuweisen. Ihre Ratschläge, mit bestimmten Personen offen und ehrlich zu reden, waren immer richtig und halfen mir auf meinem Weg zu mehr Weisheit und Erfolg sehr.

Ich kann Ihnen keinen Rat geben, wo Sie Ihren besten Freund finden. Beginnen Sie bei Ihrem Netzwerk. Wenn Sie jemanden als Ihren allerbesten Freund bezeichnen, müssen Sie sich klar darüber sein, dass Sie auch für ihn der allerbeste Freund sind. Auch Sie müssen die geforderten Kriterien erfüllen!

Ich wünsche Ihnen, dass Sie schon sehr bald Ihren allerbesten Freund finden – er ist eine Bereicherung für Ihr Leben!

30

Warum Dankbarkeit so wichtig ist

Vor vielen Jahren wollte ich mich beruflich verändern. Ich war jung und hatte keine Vorstellung, wohin mein Weg mich führen sollte. Ich wusste nur eines: Es muss sich beruflich etwas ändern. Wenn man als junger Mensch weiß, dass man sich neu orientieren will, ist das grundsätzlich eine gute Sache. Viele junge Menschen wollen etwas verändern, wissen aber nicht, in welche Richtung.

Ich lernte in dieser Phase im Urlaub einen interessanten Mann kennen. Er war ein erfolgreicher Geschäftsmann in Berlin und etwa 15 Jahre älter als ich. Ich fasste Vertrauen zu ihm und schilderte ihm mein Dilemma. Eine Woche später verfügte ich, dank der Hilfe meines neuen väterlichen Freundes, über ein klares Konzept für meine berufliche Zukunft. Ich setzte dieses Konzept um und übe meinen Beruf als Vortragender, Trainer und Autor bis heute sehr erfolgreich aus.

Dieser Mann trug entscheidend dazu bei, dass ich bin, was ich bin. Ich sah ihn nie wieder, meldete mich nie bei ihm, obwohl ich ihm für seine Hilfe bei meiner Neuorientierung immer dankbar war und es noch bin. Seinen Namen hatte ich längst vergessen. Das Einzige, was ich noch wusste, war, dass er in Österreich ein Urlaubsdomizil besaß.

Vor drei Jahren endlich machte ich mir die Mühe und recherchierte, um ihn aufzuspüren. Ich hoffte, dass er noch am Leben war. Ich schaffte es und fand ihn! Er lebt mit seiner Frau nach wie vor in Berlin. Obwohl längst im Pensionsalter, ist er immer noch berufstätig, gesundheitlich leicht angeschlagen, aber glücklich.

Sie werden jetzt sicher fragen, warum ich meinen väterlichen Freund nach so vielen Jahren noch aufspüren wollte. Ich wurde durch einen Vortrag des amerikanischen Psychologen Martin Seligmann dazu inspiriert, den Menschen zu finden, der in der Vergangenheit etwas sehr Positives für mich getan und mir etwas bedeutet hatte, bei dem ich mich aber dennoch nie bedankt habe.

Das positive Erlebnis, die unglaubliche Wirkung, die mein Dank nach so vielen Jahren sowohl bei ihm als auch bei mir auslöste, sollte Ansporn für Sie sein, es mir nachzumachen. So sollten Sie vorgehen:

Schließen Sie Ihre Augen und denken Sie an jemanden, der Ihnen irgendwann einmal einen guten Rat gab, der eine enorm positive Auswirkung auf Ihr weiteres Leben hatte. Es sollte jemand sein, der heute noch lebt. Vielleicht haben auch Sie sich nie bei dieser Person bedankt. Denken Sie bei Ihrer Wahl nicht daran, welchen Vorteil Sie in Zukunft daraus ziehen könnten, wenn Sie sich jetzt bedanken.

Jetzt kommt Ihre eigentliche Aufgabe: Verfassen Sie heute Abend ein etwa 300 Wörter umfassendes Dankschreiben an die ausgewählte Person. Beschreiben Sie, was sie für Sie tat und wie es sich auf Ihr Leben auswirkte. Schreiben Sie auch, wo Sie heute stehen.

Nehmen Sie sich Zeit für diese Aufgabe. Wenn Sie heute Abend nicht damit fertig werden, machen Sie morgen oder übermorgen weiter. Feilen Sie an den Formulierungen so lange, bis Sie damit zufrieden sind.

Wenn Sie die endgültige Fassung vorliegen haben, rufen Sie diese Person an und sagen, dass Sie sie gern besuchen möchten, oder laden Sie sie zu sich nach Hause ein. Lassen Sie sich nicht den Grund für Ihren Wunsch nach einem Treffen herauslocken. Ein einfaches „Ich möchte dich gern (wieder einmal) sehen“ reicht vollkommen aus. Nach der Begrüßung lesen Sie Ihren Dankesbrief laut und deutlich vor. Lassen Sie dem anderen Zeit, das Gehörte zu verarbeiten. Erinnern Sie sich gemeinsam an damals. Erleben Sie, was ich erlebte: Sie beide werden tief bewegt, dankbar und sehr glücklich sein.

31

Heben Sie Ihr Glücksniveau an

Viele Menschen sind mit ihrem Leben unzufrieden. Sie können ihrem Dasein überhaupt nichts Positives abgewinnen. Das Leben ist öde und leer, ohne irgendetwas, worüber man sich freuen kann. Und sie kommen zu dem Schluss, dass das Leben eigentlich keinen Sinn hat. Diese Menschen empfinden Unzufriedenheit und keine Lebensfreude, sie haben keine Freunde und können weit und breit nichts entdecken, was das Leben lebenswert macht.

Wenn es Ihnen ähnlich geht, wenn Sie an Ihrem Leben überhaupt nichts mehr positiv finden, schlage ich Ihnen vor, dass Sie sich mit der nachfolgenden Aufgabe beschäftigen. Wenn Sie mit Ihrem Leben nicht zufrieden sind, müssen Sie beginnen, Ihre innere Einstellung zu verändern.

Das allerdings können nur Sie selbst machen und niemand anders. Wenn Sie also Ihr Leben wieder mehr genießen möchten, sollten Sie die nächste Übung nicht übergehen, sondern sich die wenige Mühe machen, sich mit ihr auseinander zu setzen. Es lohnt sich!

Ihre Glücksübung

Reservieren Sie in den nächsten zwei Wochen jeden Abend etwa drei Minuten für Ihre Glücksübung. Lassen Sie den vergangenen Tag Revue passieren und schreiben Sie drei bis fünf Dinge auf, die heute geschehen sind und für die Sie dankbar sind. Vielleicht haben Sie sich über die Großzügigkeit eines Freundes gefreut oder darüber, dass Sie heute ohne Migräne aufgewacht sind. Ihr Kind bekam eine gute Note in der Schule, Ihr Chef hat endlich bemerkt, dass Sie gute Arbeit leisten.

Nach 14 Tagen werden Sie bereits mehr als 40 Dinge aufgeschrieben haben, die Ihr Leben glücklicher machten. Früher bemerkten Sie sie nur nicht. Machen Sie es sich zur lieben Gewohnheit, jeden Abend Ihr Glücksniveau anzuheben, indem Sie all das, was an diesem Tag positiv war, an sich vorüberziehen lassen – und Ihr Leben ist wieder lebenswert!

32

Angst frisst Seele auf

Aktuelle Studien im deutschsprachigen Raum zeigen, dass etwa 70 Prozent der Arbeitnehmer generell Angst vor dem Verlust des Arbeitsplatzes haben. 43 Prozent plagt konkret die Angst, ihren Arbeitsplatz zu verlieren. Dazu kommt noch die große Zahl der Arbeitslosen, die Angst haben, keine Arbeit zu finden, und Gefahr laufen, im sozialen Abseits zu landen.

Darüber hinaus kennen wir Versagensängste, Phobien wie Spinnen- oder Schlangenphobie, Flugangst, Angst vor dem Alleinsein, dem Älterwerden, Prüfungsängste oder Angst vor Präsentationen – um nur einige zu nennen.

Die Zahl der Krankenstände in den Betrieben ist in den letzten Jahren deutlich gesunken. Die Zahl der psychischen Erkrankungen wie Angststörungen, Depressionen und Burn-out nimmt hingegen stark zu. Wissenschaftliche Studien beweisen: Mehr als 40 Prozent aller Krankenstände beruhen auf Beschwerden, die psychisch bedingt sind.

Etwa 30 Prozent aller Erwerbstätigen sind psychosomatisch erkrankt. (Unter einer psychosomatischen Erkrankung versteht man eine körperliche Störung, deren Ursache eine seelische Störung ist.) Am weitesten verbreitet sind Herz-Kreislauf-Erkrankungen, Erkrankungen des Magen-Darm-Trakts, Allergien und Asthma. Knapp 20 Prozent aller Erwerbstätigen leiden unter dem Burn-out-Syndrom.

Hemmungen und Ängste wirken lähmend auf den Betroffenen und sind in höchstem Maße leistungshemmend, ja geradezu kontraproduktiv. Jeder Dritte im deutschen Sprachraum kennt Angstgefühle aus eigener Erfahrung. 15 Prozent aller Kinder an den Grundschulen und zehn Prozent der Jugendlichen quälen Angstgefühle – Hemmungen und Ängste, die sie nicht bewältigen können, die ihre Leistungsfähigkeit beeinträchtigen und ihre Lebensqualität erheblich vermindern.

Angst engt ein. Sie legt sich wie ein Eisenring um unsere Brust, sodass wir meinen, keine Luft mehr zu bekommen. Erst wenn es uns gelungen ist, unsere Ängste zu überwinden, fühlen wir uns frei.

Einer meiner Freunde antwortete auf meine harmlose Frage nach seinem Befinden: „Danke, schlecht, ich muss nächste Woche nach Paris zu einem Kongress. Ich leide derart unter Flugangst, dass ich seit Tagen keinen klaren Gedanken mehr fassen kann. Darüber hinaus schlafe ich auch noch miserabel."

Die Flugangst hatte verheerende Auswirkungen auf das seelische Befinden meines Freundes. Die Teilnahme am Kongress abzusagen war nicht möglich. Seine Leistungsfähigkeit sank in dieser Zeit beinahe auf den Nullpunkt und seine private Beziehung zeigte langsam Auflösungstendenzen.

Für den erfolgreichen Manager Martin waren Präsentationen etwas derart Beängstigendes – sie kamen gleich nach einer bösartigen ansteckenden Krankheit. Vor einer Präsentation plagte ihn lähmende Angst, er hatte schlaflose Nächte, sein Verhalten seiner Familie gegenüber war dann unerträglich und er war unausstehlich im Büro – Verhaltensweisen, die man unter normalen Umständen bei ihm nicht kannte.

Ob Sie unter Höhenangst, Prüfungsangst, einer Spinnenphobie oder einer anderen Angststörung leiden: Versuchen Sie es doch einmal mit der nachstehenden Technik, die schon vielen Menschen geholfen hat. Die Übung ist nicht sehr schwierig. Sie können sie mit einem Partner, dem Sie vertrauen, oder aber allein durchführen.

Übung

Teil 1

Vergewissern Sie sich, dass Sie in den nächsten 30 Minuten nicht gestört werden. Ziehen Sie etwas Bequemes an und machen Sie es sich auf der

Couch oder in einem bequemen Sessel gemütlich. Schließen Sie die Augen und denken Sie an eine Situation, in der Sie sich irgendwann einmal in Ihrem Leben wirklich sicher und geborgen fühlten – z. B. in den Armen eines geliebten Menschen. Erleben Sie diese Situation jetzt noch einmal. Was sehen, hören und fühlen Sie? Lassen Sie sich Zeit. Sie haben keine Eile.

Wenn Sie das Gefühl der Sicherheit und Geborgenheit so richtig stark erleben, berühren Sie mit den Fingern Ihrer linken Hand ganz leicht Ihren rechten Handrücken. Wiederholen Sie das Ganze noch insgesamt drei Mal. Jetzt hat Ihr Gehirn einen Auslöser für innere Sicherheit und Geborgenheit – in der Fachsprache „Trigger" genannt – abgespeichert.

Wenn Sie sich in Zukunft unsicher fühlen, lösen Sie einfach Ihren Trigger aus und Sie werden von einer Sekunde zur anderen Die Sicherheit empfinden, die Sie vermisst haben. Zu Ihrer Information: Ihren Trigger brauchen Sie nie mehr neu zu installieren. Sobald Sie ihn auslösen, ist er aktiv.

Teil 2

Jetzt kommt die eigentliche Übung zum Verlernen von Ängsten und Hemmungen: Nehmen Sie wieder eine bequeme Haltung ein. Schließen Sie die Augen und stellen Sie sich vor, wie Sie ganz allein gemütlich vor Ihrem Fernseher sitzen. Schalten Sie ihn in Gedanken ein. Es läuft gerade ein Film, in dem Sie sich selbst in Ihrer speziellen Angstsituation sehen.

Wenn Sie die Szene vor Ihrem geistigen Auge vorüberziehen lassen, werden Sie vermutlich zumindest ein leichtes Angstgefühl verspüren. Lassen Sie diese Szene wieder und immer wieder ablaufen. Sehr bald schon werden Sie feststellen, dass die Situation zunehmend an Bedrohlichkeit verliert.

Häufig hat man bereits nach dem dritten oder vierten Mal eine wesentlich geringere subjektive Angstwahrnehmung. In jedem Fall spielen Sie Ihren „Film“ so oft hintereinander ab, bis Sie das Gefühl der Angst verloren haben. Meistens erkennen Sie das daran, dass Ihnen langsam langweilig wird, wenn Sie den inneren Film betrachten.

Sehr selten kommt es vor, dass der innere Angstfilm bei jemandem nach einer Weile immer noch Angst oder Beklemmung auslöst. Für diesen äußerst seltenen Fall haben Sie zu Beginn der Übung einen Trigger für Sicherheit und Geborgenheit auf Ihrem Handrücken „installiert“. Sobald Sie ein starkes Gefühl der Beklemmung verspüren, berühren Sie oder Ihr Partner ganz leicht Ihren rechten Handrücken und das Gefühl der Sicherheit und Geborgenheit kehrt fast augenblicklich wieder zurück. Ihr Partner erkennt, dass Sie Angst empfinden, z. B. an Ihrer unregelmäßigen Atmung oder weil Sie einen leichten Schweißausbruch oder hektische rote Flecken im Gesicht bzw. am Hals bekommen.

Ich führte in meinen Seminaren diese Übung zum Verlernen von Angst bisher mit einigen 1.000 Menschen durch und erlebte etwa zehn Mal, dass ein Trigger ausgelöst werden musste.

Machen Sie anschließend zehn Minuten Pause. Bewegen Sie sich ein wenig, gehen Sie im Zimmer herum, öffnen Sie das Fenster und genießen Sie die frische Luft. Setzen Sie sich jetzt noch einmal bequem hin. Schalten Sie Ihren inneren Fernseher wieder ein und lassen Sie Ihre Angstszene nochmals ablaufen. Die Übung ist erfolgreich, wenn Sie jetzt keine oder nur noch sehr wenig Erregung verspüren.

Wenn Sie das nächste Mal in Ihre ganz persönliche Angstsituation geraten, werden Sie die erfreuliche Feststellung machen: Sie empfinden Respekt, aber die Angst haben Sie verlernt. Ihr Geist ist frei von lähmenden Gedanken, Sie können wieder klar und lösungsorientiert denken und der Zukunft positiv entgegenblicken. Es kann vorkommen, dass jemand es mit dieser Technik nicht schafft, seine Angst oder Hemmungen zu verlernen. In diesen Fällen sollte man die Hilfe eines Psychotherapeuten in Anspruch nehmen.

33

Der Jäger ist müde

Wie bereits erwähnt leiden etwa 20 Prozent aller Erwerbstätigen am Burn-out-Syndrom. Darunter versteht man einen Zustand totaler psychischer und physischer Erschöpfung.

Zum besseren Verständnis müssen wir im Geiste zurück in die Steinzeit gehen. Die Steinzeitmenschen waren Jäger und es war überlebenswichtig, beim Jagen in Bestform zu sein. Das Stresshormon Adrenalin sorgte für die nötige Konzentration und die kurzfristig benötigte Fähigkeit zur Spitzenleistung.

Erkrankte unser Jäger, verhinderte das vom Körper ausgeschüttete Cortisol, dass er auf die Jagd ging. Es machte ihn sehr müde – zu müde, um auf die Jagd zu gehen. Also blieb er zu Hause und schonte sich so lange, bis er wieder in der Lage war, auf die Jagd zu gehen.

Auch heute noch schüttet unser Körper Cortisol aus, um uns vor Überlastung zu schützen. Wir, die wir in der modernen Welt leben, ignorieren die

Warnsignale unseres Körpers so lange, bis es endgültig zu spät ist. Jetzt hat das Cortisol jene Bereiche unseres Gehirns blockiert, die für blitzschnelles Denken, Kreativität und das Erinnerungsvermögen verantwortlich sind. Unser Denken ist lahm gelegt, von Geistesblitzen keine Rede mehr. Der endgültige Zusammenbruch ist erreicht. Das Burn-out-Syndrom umfasst die folgenden fünf Stadien:

Stadium 1 des Burn-out-Syndroms

Am Anfang steht immer die Euphorie, die Begeisterung im Vordergrund. Man hastet von Termin zu Termin, hat das Gefühl, unentbehrlich zu sein, und ist ständig unter Stress. Man hat extrem hohe Erwartungen an sich selbst und ist bestrebt, immer alles zu schaffen, was man sich vorgenommen hat. Das Einzige, was lästig ist, ist diese ständige Müdigkeit. Die wird mit Kaffee, Tee, Zigaretten und Alkohol bekämpft.

Bei so viel Arbeit und Unentbehrlichkeit ist es kein Wunder, denkt man, wenn man keinen Spaß am Sex hat. Man stresst sich weiter.

Stadium 2 des Burn-out-Syndroms

Langsam kommt die Ernüchterung. Die anfängliche Euphorie ist verloren gegangen – kein Wunder bei dem Stress, meint man –, die Ziele, die man sich vorgenommen hat oder die vorgegeben wurden, sind nicht so leicht zu erreichen. Man beginnt daran zu zweifeln, dass man wirklich noch alles unter Kontrolle hat. Also ist verstärkter Einsatz erforderlich. Zunehmend verschwindet die Lebensfreude.

Stadium 3 des Burn-out-Syndroms

Langsam verliert man den Blick für die Realität. Man ist nicht mehr bereit, aus Fehlern zu lernen. Häufig gibt man anderen die Schuld, wird zunehmend aggressiv und schlittert langsam in eine Depression hinein. Der oft übermäßige Konsum von Psychopharmaka ist die Folge. Schließlich möchte man nicht, dass einem die Situation völlig entgleitet.

Stadium 4 des Burn-out-Syndroms

Man hat Gefühle der absoluten Hilflosigkeit und kompensiert das sehr oft mit übertriebenem Zynismus oder aber mit zunehmender Gleichgültigkeit. Man stellt sich Fragen nach dem Sinn des Lebens im Allgemeinen und der Arbeit im Speziellen. Unser Körper reagiert, wie bei unbewältigtem Stress auch, mit psychosomatischen Beschwerden.

Stadium 5 des Burn-out-Syndroms

Irgendwann geht das Vertrauen in die eigenen Fähigkeiten verloren. Der Körper reagiert mit totaler physischer und psychischer Erschöpfung, Apathie, völliger Gleichgültigkeit, oder Ängsten und Panikattacken. Man ist völlig ausgebrannt: Der Jäger ist müde.

Was tun, wenn nichts mehr geht?

Am besten ist es natürlich, wenn man es erst gar nicht zum Zusammenbruch kommen lässt. Machen Sie sich bewusst, dass Ihr Körper keine Maschine, kein Roboter und nicht unbegrenzt leistungsfähig ist.

Durch die jährliche Vorsorgeuntersuchung erhält man die Sicherheit, dass keine gesundheitlichen Probleme im Anzug sind. Nehmen Sie sich auch außerhalb Ihres Urlaubs regelmäßig Zeit zum Regenerieren und Entspannen. Solche Auszeiten nehmen wesentlich weniger Zeit in Anspruch, als Sie für die Regeneration nach einem Zusammenbruch benötigen würden. Es gilt also für die eigene Gesundheit rechtzeitig vorzusorgen.

Essen Sie viel Obst und Gemüse. Versuchen Sie pro Tag bis zu fünf kleine Obst- oder Gemüsemahlzeiten zu sich zu nehmen. Einen Apfel, eine Orange oder eine Karotte kann man auch schon als kleine Mahlzeit bezeichnen. Machen Sie die

Speisen durch Zugabe von Gewürzen schmackhafter und verwenden Sie weniger Salz. Zu viel Fett und Zucker schaden dem Körper ebenso wie manche Fertigspeisen, die jede Menge Konservierungsstoffe und Stabilisatoren enthalten. Trinken Sie pro Tag mindestens zwei Liter Wasser (möglichst ohne Kohlensäure).

Gehen Sie öfter an die frische Luft. Bewegen Sie sich regelmäßig. Wandern, Tennis, Golf, Joggen, Nordic Walken sind nur einige Beispiele aus der breiten Angebotspalette. Probieren geht über studieren! Versuchen Sie es doch einmal und Sie werden sich wie neugeboren fühlen!

Wenn Sie bereits unter Burn-out leiden, steht ein breites Therapieangebot zur Verfügung. Die Heilungschancen sind gut. Manchmal dauert es etwas und man muss Verschiedenes ausprobieren, bis man das Richtige für sich gefunden hat. Befindet sich der Burn-out noch im Anfangsstadium, hilft es meistens schon, wenn man regelmäßiges Entspannungstraining macht.

Welche Techniken angeboten werden und wofür Sie sich entscheiden sollten, haben wir in Kapitel 24, „Erfolg durch innere Balance“, besprochen.

Befinden Sie sich bereits in Stadium 5, leiden Sie also unter totaler physischer und psychischer Erschöpfung, Apathie, Gleichgültigkeit oder Ängsten und Panikattacken, ist es höchste Zeit, dass Sie sich in eine längere psychotherapeutische Behandlung begeben. Die Dauer einer solchen

Therapie lässt sich nicht abschätzen, kann aber in besonders schweren Fällen auch ein paar Jahre dauern. Sie meinen, das sei eine lange Zeit? Was schätzen Sie, wie Ihr Leben aussehen wird, wenn Sie nichts unternehmen? Tun Sie es für sich und Sie können bald wieder mit viel Freude und Elan auf die Jagd gehen!

34

Was ist Mut?

Jeder versteht unter Mut etwas anderes. Genau wie Erfolg für jeden etwas anderes bedeutet. Was also ist Mut?

Sind die Soldaten mutig, die in irgendeinem Krisengebiet auf dieser Welt kämpfen? Sind die mutig, die mit schweren Lkws durch gefährliches unwegsames Gelände fahren, um die Soldaten mit Lebensmitteln zu versorgen? Ist der Polizist mutig, der sich einem Amokläufer in den Weg stellt? Beweist derjenige Mut, der sich gegen seinen Vorgesetzten zur Wehr setzt? Ist jemand mutig, der sich trotz Verleumdung nicht unterkriegen lässt? Ist Mut, jemanden mit Hingabe zu lieben und ihm zu vertrauen und manchmal auch zu verzeihen? Beweist derjenige Mut, der seinen Job kündigt und sich in eine ungewisse, unsichere Zukunft begibt? Ist es Mut, ein eigenes Geschäft zu eröffnen? Ist es mutig, nicht zurückzuschlagen, wenn man angegriffen wird?

Was bedeutet Mut für Sie? Schreiben Sie hier auf, was Sie unter Mut verstehen:

____

____

____

____

____

____

____

____

____

Eines ist ganz sicher: Mut bedeutet nicht die Abwesenheit von Angst. Mutig sein bedeutet, dass man vorwärts geht, obwohl man Angst hat. Die Soldaten, Polizisten, Lkw-Fahrer – sie alle haben Angst, aber sie sind auch mutig! Es erfordert keinen Mut, einen Entschluss zu fassen, der kein Risiko in sich birgt.

Mut bedeutet, dass wir bereit sind, ein Risiko einzugehen. Wenn wir ein Risiko eingehen, bedeutet das, dass wir bereit sind, ein eventuelles Scheitern, ein Versagen, einen Verlust – auch finanzieller Art – zu riskieren.

Ist Mut eine Gabe? Manchmal hören wir: „Du hast die Gabe, mutig zu sein, du hast es leicht!“ Mutig sein ist eine Entscheidung, die man trifft, keine Gabe!

Mut kann man nicht verlieren, weil wir uns immer wieder aufs Neue entschließen, eine Sache anzugehen und durchzuziehen, und damit immer wieder Mut beweisen. Mutige Menschen werden beneidet und bewundert. Wenn Sie mutig an etwas herangehen, motivieren Sie durch Ihre Begeisterung und Ihren Erfolgswillen auch andere zu Höchstleistungen.

Manchmal jedoch haben wir Angst vor dem, was uns erwartet, wenn wir eine Sache angehen wollen. Wir trauen uns nicht so richtig und laufen durch unsere Halbherzigkeit Gefahr, das Vorhaben in den Sand zu setzen.

Sie haben immer 100 Prozent Energie zur Verfügung und Sie haben die Wahl: Entweder setzen Sie Ihr Energiepotenzial mit voller Kraft für Ihr Ziel ein, dann haben Sie eine reelle Chance. Oder aber Sie vergeuden einen Teil oder sogar Ihr gesamtes Potenzial, dann ist auch der Erfolg infrage gestellt.

Sollten Sie irgendwann einmal Gefahr laufen, den Mut zu verlieren, wenn Sie an einer Sache dran sind, und geht nichts weiter oder haben Sie Angst davor, etwas zu beginnen und es zu vermasseln, dann machen Sie es sich zur Gewohnheit, sich mehrmals eindringlich zu sagen: „Ich beginne jetzt sofort damit!“ Sagen Sie sich das so oft, bis Sie die Entscheidung getroffen haben, die Sache weiterzuverfolgen bzw. anzugehen. Und dann gehen Sie sie an – sofort! Sie schaffen es!

35

Sind Sie ein Negaholic?

„Das Leben eines Mannes ist das, was seine Gedanken daraus machen."

Dieser Ausspruch stammt von einem der größten Denker der Antike, dem römischen Kaiser Marc Aurel.

Ich lernte Wolfgang kennen, als er sich gerade in einem Tief befand. Seit Beendigung seines Studiums vor drei Jahren ist er auf Jobsuche. Außer einigen Gelegenheitsjobs wie Taxifahrer oder Nachtportier – Jobs, für die er überqualifiziert ist – war einfach nichts zu finden. Er fing an, an sich und seinem Glück zu zweifeln.

Er wusste schon im Voraus, dass das, was er anpacken wollte, ohnehin schief gehen würde. So war es mit den Bewerbungen und auch mit dem Projekt „Sprung in die Selbstständigkeit". Seine Beziehung ging in die Brüche, weil er „wusste", dass seine Freundin ihn für einen Versager hielt. Er brach den Kontakt zu seinen Freunden ab, weil er

„wusste“, dass niemand sich mit einem Loser treffen wollte.

So wurde im Verlauf von drei Jahren aus einem ehemals extrovertierten jungen Mann ein Mensch, der sich immer mehr zurückzog. Er legte keinen Wert mehr auf sein Äußeres, war ungepflegt und depressiv. Wolfgang meinte, er müsse sich damit abfinden, dass er ein „Montagsmodell“ sei.

Viele Menschen neigen dazu, sich über ihre Fehler und Schwächen zu definieren. Gedanken sind dynamische Kräfte und haben die Tendenz, sich zu realisieren. Das gilt sowohl für unsere positiven als auch für unsere negativen Gedanken. Wir haben die Fähigkeit, uns in eine Situation „hineinzudenken“, aber wir können uns auch wieder aus ihr „herausdenken“. Wenn wir unsere Situation verändern möchten, müssen wir zuallererst unser Denken verändern.

„Ja“, werden Sie jetzt sagen, „schön wär’s, aber wie soll ich das schaffen?“ Wolfgang ist heute, nachdem er meine Hilfe annahm, ein erfolgreicher Manager in einem großen Unternehmen. In vier Schritten gelang es ihm, sich aus der „Negaholic-Falle“ zu befreien. Ich bin sicher, dass diese Vier-Schritte-Strategie auch Ihnen hilft:

Schritt 1, um sich aus der Negaholic-Falle zu befreien

Jedes Problem ist zunächst einmal sehr komplex. Zerlegen Sie es analytisch in seine Einzelteile. Wenn Sie sehr emotional sind, kann Ihnen vielleicht eine Person Ihres Vertrauens dabei helfen.

Schritt 2, um sich aus der Negaholic-Falle zu befreien

Jetzt haben Sie Ihr Problem in mehrere Einzelteile zerlegt, von denen jeder für sich allein nicht mehr so schwer wiegend ist. Kehren Sie Ihr Denken um und vertrauen Sie darauf, dass es Ihnen gelingen wird, eine Lösung zu finden.

Fort mit negativen Gedanken wie „Das geht sicher wieder schief“, „Man wird mich 100-prozentig wieder einmal ablehnen“, „Ich brauche gar nicht damit zu beginnen, es hat sowieso keinen Sinn“! Sie müssen überzeugt sein, dass Sie schaffen, was Sie sich vorgenommen haben!

Schritt 3, um sich aus der Negaholic-Falle zu befreien

Sie wissen bereits, dass unsere Gedanken das Bestreben haben, sich zu realisieren. Setzen Sie dieses Wissen ein! Stellen Sie sich immer wieder vor, dass es Ihnen gelungen ist, Ihr Problem zu lösen.

Viele Hobbygolfer fürchten sich davor, einen Slice zu fabrizieren. (Für die Nichtgolfer: Ein Slice ist ein Golfschlag, bei dem der Golfball nach rechts verzogen wird und fatalerweise meistens im Out landet.)

Sie stehen am Abschlag und sehen vor ihrem geistigen Auge, wie der Golfball in einer eleganten Kurve nach rechts fliegt und im Out landet. Und sie denken: „Ich habe wieder einmal Recht behalten, ist ein blöder Sport!“ Wenn sich diese Golfer die Mühe machen würden, umzudenken und den Golfball in ihrer Vorstellung geradeaus fliegen zu sehen, dann, ja dann würden viel weniger Bälle im Out landen.

Machen Sie es wie die erfolgreichen Golfer und sehen Sie, wie Sie es geschafft haben, Ihr Problem zu lösen. Dann haben Sie eine echte Chance!

Schritt 4, um sich aus der Negaholic-Falle zu befreien

Setzen Sie Ihre ganze Kraft für die Lösung Ihres Problems ein. Denken Sie immer daran, dass Ihre geistige Haltung das Wichtigste ist. Wenn Sie sich dabei ertappen, dass Sie weiterhin negativ denken, hören Sie sofort damit auf! Ändern Sie das! Bejahende und positive Gedanken sind der wichtigste Schritt bei der Überwindung von scheinbar unlösbaren Schwierigkeiten. Darüber hinaus sollten Sie noch einige Grundsätze beherzigen, wenn Sie ein Positivdenker werden wollen:

- Sprechen Sie in den kommenden sieben Tagen positiv über Ihre Arbeit, Ihr Privatleben, Ihre Hobbys, Ihre Gesundheit und vor allem über Ihre Zukunft.
- Das wird Ihnen vermutlich in den ersten Tagen nicht immer leicht fallen. Immer wieder werden Sie sich bei negativen Gedanken und Aussagen ertappen. Korrigieren Sie sich sofort und reißen Sie sich davon los.
- Spätestens nach drei Tagen werden Sie und Ihre Umgebung die erfreuliche Feststellung machen: Sie haben sich verändert! Sie sind aus dem Schatten des Negaholics herausgetreten und fröhlicher, ausgeglichener und viel positiver geworden.
- Umgeben Sie sich mit Menschen, die eine bejahende und positive Lebenseinstellung haben. Wenn Sie Freunde haben, die immer nur pessimistisch sind, meiden Sie in den nächsten Wochen ihre Gesellschaft.
- Sobald jemand negative und pessimistische Gedanken äußert, setzen Sie positive und zuversichtliche dagegen! Ein Mann musste für zwei Wochen ins Krankenhaus. „Es ist furchtbar hier", klagte er, „ich liege zwar in einem klasse Zimmer, aber auf der Station liegen nur türki-

sche Gastarbeiter. Ich habe niemanden, mit dem ich mich unterhalten kann." – „Du siehst das falsch", entgegnete einer seiner Freunde, der ihn besuchte, „du hast die einmalige Chancen eine neue Sprache zu lernen." Den Rest seines Aufenthaltes war er damit beschäftigt, ein wenig Türkisch zu lernen. Und was soll ich Ihnen sagen: Es machte ihm Spaß!

Eines der Geheimnisse für ein glücklicheres und positiveres Leben liegt darin, seine Gedanken radikal zu verändern. Säubern Sie Ihren Geist von negativen, ungesunden Gedanken. Ersetzen Sie sie durch gesunde, positive und dynamische Gedanken. Sie wissen ja:

Unser Leben ist das, was unsere Gedanken daraus machen! Handeln Sie!

36

Überwinden Sie Ihren inneren Schweinehund!

Sie träumen davon, Ihren Traum zu realisieren, haben aber noch immer nicht damit begonnen, ihn in die Tat umzusetzen? Was hält Sie noch zurück? Es ist an der Zeit, dass Sie Nägel mit Köpfen machen. Warten Sie nicht noch länger auf den richtigen Zeitpunkt. Der richtige Zeitpunkt, Ihren Traum zu realisieren, ist *jetzt*!

Welches also sind die Gründe dafür, dass Sie es immer noch hinausschieben? Welches sind Ihre Lieblingsausreden? Oder haben Sie in Ihrem Leben schon so viel erreicht, dass Sie es nicht eilig haben und sich lieber auf Ihren Lorbeeren ausruhen?

Wie überwindet man seinen inneren Schweinehund? Was hilft Ihnen, sich aus Ihrer Trägheit zu lösen und mit dem Aufstieg zum Gipfel zu beginnen?

Wieder sind es unsere Gedanken, die uns in eine bequeme Trägheit sinken lassen. Wir träumen vom Gipfelsturm. Aber wann mit dem Aufstieg beginnen? Von Laotse stammt der Satz: „Eine Reise von 1.000 Meilen beginnt immer mit dem ersten Schritt." Was hält Sie davon ab, ihn zu gehen?

Notieren Sie nun hier Ihre Lieblingsausreden. Was hielt Sie bisher davon ab, den ersten Schritt zu tun? Seien Sie ehrlich sich selbst gegenüber.

____

____

____

____

____

____

Wenn wir uns im Grunde genommen nur herausreden, schieben wir oft sehr logisch erscheinende Argumente vor. Aber in Wirklichkeit hält uns eine Blockade vom Handeln ab und diese existiert nur in unserem Kopf! Ihre Ausrede ist also kein Hindernis auf Ihrem Weg nach oben!

Schreiben Sie jetzt auf, welche Vorteile Ihnen die Realisierung Ihres Traums bringt:

____

____

____

____

____

____

Ohne Ihre persönliche Aufzählung zu kennen, weiß ich, dass die Vorteile, die sich durch die Realisierung Ihres Traums für Sie ergeben, eventuelle Nachteile überwiegen. Wie wir wissen, ist aller Anfang schwer. Deshalb die Frage: Was werden Sie *heute* tun, um anzufangen?

Überwinden Sie Ihren inneren Schweinehund und halten Sie sich an das Sprichwort „Frisch gewagt ist halb gewonnen“!

37

Die Kraft der kleinen Erfolge

Kennen Sie das? Man strebt mit aller Kraft, die man zur Verfügung hat, seinem Ziel entgegen und hat das Gefühl, keinen Schritt weiterzukommen. Manchmal ist man so frustriert, dass man daran denkt, alles hinzuschmeißen und aufzugeben. Man ist so deprimiert, dass man an die vielen kleinen Erfolge, die man auf dem Weg zur Verwirklichung seines Traums errungen hat, gar nicht mehr denkt – an all die kleinen Erfolge, die beweisen, dass es vorangeht.

Erfolgreiche Menschen verlieren ihr Ziel nie aus den Augen und wissen, dass jeder auch noch so kleine Erfolg ein wichtiger Schritt auf der Reise zum Ziel ist. Wenn Sie gerade einen Tiefpunkt erreicht und das Gefühl haben, einfach nicht voranzukommen, dann denken Sie darüber nach, wie viele kleine Erfolge Sie in der letzten Zeit für sich verbuchen konnten. Notieren Sie sie hier. Vergessen Sie nichts – selbst wenn der Erfolg scheinbar noch so unbedeutend war. Er ist es wert, dass Sie ihn aufschreiben.

Jetzt feiern Sie diese Erfolge! Machen Sie sich selbst eine kleine Freude. Gönnen Sie sich als Belohnung etwas, das Sie sich nicht alle Tage leisten. Genießen Sie Ihren Erfolg und die Belohnung. Sie werden daraus neue Kraft schöpfen, um weiterzumachen. Und jetzt fahren Sie fort!

38

Die sieben Versprechen

Die folgenden sieben Punkte sollten Sie sich selbst gegenüber versprechen – und sich auch daran halten.

Versprechen Nr. 1

Ich mache es mir zur Gewohnheit, über Menschen, die mir begegnen, und über Ideen, die an mich herangetragen werden, immer positiv zu sprechen.

Es gibt beinahe keinen Menschen, keine Idee, an dem/der es nicht irgendetwas auszusetzen gibt. Verwerfen Sie nie einen Gedanken oder eine Idee nur aus dem Grund, weil es etwas dagegen einzuwenden gibt. Nehmen Sie die Idee auf und versuchen Sie die positiven Aspekte zu erkennen.

Lehnen Sie nie einen Menschen ab, nur weil er auch negative Eigenschaften hat. Es gibt niemanden, der perfekt ist. Sehen Sie vor allem die positiven Eigenschaften der Menschen. Es ist leicht, mit negativen Aspekten und Eigenschaften umzugehen, wenn man die positiven Seiten auch sieht und fördert.

Was war das Negativste, das Ihnen heute passiert ist?

____

____

____

____

____

____

Keine negative Erfahrung ohne ihre positive Seite! Welche positiven Aspekte fallen Ihnen dazu ein? Schreiben Sie sie auf:

____

____

____

____

____

____

Versprechen Nr. 2

Wenn eine Situation auch noch so schwierig erscheint, suche ich trotzdem nach Lösungsmöglichkeiten.

Erfolgreiche Menschen machen den anderen ihre Ideen schmackhaft. Wenn es Probleme gibt, wird das umso wichtiger. Glauben Sie immer daran: Wenn die Situation auch noch so schwierig oder verfahren ist – es gibt immer einen Ausweg.

Versprechen Nr. 3

„Es wird schon klappen" – diese Redewendung, diesen Gedanken mache ich mir zu Eigen.

Egal was passiert, welchen Schwierigkeiten Sie auch immer begegnen – glauben Sie fest daran: Es wird schon klappen. Immer wieder laufen wir Gefahr, dass die Annahme, irgendetwas könnte vielleicht doch nicht klappen, uns daran hindert, einen klaren Gedanken zu fassen.

Es ist höchste Zeit, dass Sie darauf vertrauen: Es wird klappen!

Gibt es aktuell irgendetwas in Ihrem Leben, von dem Sie zumindest ein klein wenig annehmen, dass es vielleicht doch klappen könnte? Schreiben Sie hier mindestens drei Punkte auf, die Ihre Annahme untermauern, dass es klappen könnte:

____

____

____

____

____

____

Versprechen Nr. 4

Wenn jemand eine Idee oder einen Vorschlag ablehnt, frage ich nach dem Warum.

Wann immer Sie ein Anliegen haben und der andere Nein sagt, fragen Sie freundlich nach dem Grund dafür. Sie werden die Erfahrung machen, dass sehr oft, wenn Sie das tun, es sehr oft passiert, der andere kurz nachdenkt und dann sagt: „Tja, warum eigentlich nicht?" Und schon haben Sie gewonnen.

Begeben Sie sich nicht in den Schmollwinkel, sondern lassen Sie sich das Nein begründen – und Sie haben eine reelle Chance!

Versprechen Nr. 5

Ich vergesse meine guten Ideen nicht.

Oft haben wir zu einem wichtigen Thema eine gute Idee und denken: „So werde ich das machen!" Das Problem ist nur, dass wir unsere guten Ideen sehr rasch wieder vergessen. Dann beginnt das stunden-, ja oft tagelange ergebnislose Grübeln.

Machen Sie es sich zur Gewohnheit, interessante Ideen und konstruktive Gedanken aufzuschreiben. Setzen Sie um, was Sie aufgeschrieben haben, und Sie sind Ihrem Ziel wieder einen Schritt näher gekommen.

Versprechen Nr. 6

Ich trainiere meine Fähigkeit, positive Erwartungen zu haben.

Wissen Sie, warum manchen Menschen alles gelingt? Weil sie daran glauben, dass es gelingt! Wenn Sie Negatives erwarten, wird das Leben es Ihnen auch präsentieren. Erwarten Sie Positives, tritt es ebenso ein!

Geben Sie sich selbst eine Chance: Testen Sie die Macht der positiven Erwartungen! Erwarten Sie, dass Ihnen gelingt, was Sie sich vorgenommen haben.

Versprechen Nr. 7

Ich lerne, positiv zu reagieren.

In unserem Leben gibt es immer wieder Situationen, die wir nicht beeinflussen können. Ein Angehöriger kommt zum Beispiel bei einem Autounfall ums Leben, ein tragischer Arbeitsunfall reißt einen geliebten Menschen von unserer Seite. Jemand hat durch Hochwasser sein gesamtes Hab und Gut verloren.

Auf tragische Ereignisse wie diese haben wir keinen Einfluss. Hier stoßen wir mit dem positiven Denken an Grenzen. Positives Denken können wir nur in Situationen einsetzen, die wir selbst beeinflussen können. Aber es liegt an uns, wie wir auf

Ereignisse, auf die wir keinen Einfluss nehmen können, reagieren!

Ein Unglück verändert uns. Wir werden nie mehr derselbe Mensch sein wie vor dem tragischen Ereignis. Positiv Denken bedeutet, aus jeder Situation das Beste herauszuholen. Werden Sie zu einem positiven Menschen!

Halten Sie die sieben Versprechen ein und es werden wesentlich mehr Glück, Zufriedenheit und Erfolg in Ihr Leben treten!

39

Lebe deinen Traum – schreibe das Drehbuch für dein Leben!

Heute ist der erste Tag vom Rest Ihres Lebens! Sie haben jetzt die einmalige Chance, Ihre Zukunft selbst zu bestimmen. Schreiben Sie Ihr ganz persönliches Drehbuch dafür. Sie sind der Regisseur Ihres Lebens!

Nehmen Sie ein Blatt Papier zur Hand und notieren Sie alles, was Ihnen einfällt, wenn Sie an Ihre Zukunft denken. Tragen Sie möglichst viele Fakten und Ideen zusammen. Jede Kleinigkeit ist wichtig!

1. Welches ist Ihr Lebenstraum?
2. Wie soll sich Ihr Privatleben entwickeln, wie das Berufsleben?
3. Welche Freunde sollen Sie begleiten und wer nicht?
4. Wen möchten Sie zu Ihrem Team zählen?
5. Welche Zwischenziele gibt es?

Ihrer Fantasie sind keine Grenzen gesetzt. Jede Idee, selbst wenn Sie Ihnen im Augenblick unbedeutend erscheint, ist es wert, aufgeschrieben zu werden. Es geht schließlich um Ihre Zukunft!

Wenn Sie alle Ideen und Fakten zusammengetragen haben, beginnt die eigentliche Regiearbeit. Suchen Sie sich ein ruhiges Plätzchen, an dem Sie ungestört den Film über Ihre Zukunft produzieren können. Machen Sie es sich bequem, schließen Sie die Augen und drehen Sie im Kopf den Erfolgsfilm über Ihre Zukunft. Bringen Sie alle Ideen und Fakten in den Film ein. Bestimmen Sie, wann was zu geschehen hat oder eintritt.

Genießen Sie es, diesen Film mit all Ihren Sinnen zu erleben. Sollten Sie neue Ideen haben, bauen Sie sie ein. Lassen Sie Ihren Film immer wieder vor Ihrem geistigen Auge ablaufen. Stellen Sie sich ganz genau vor, dass alles so passiert, wie Sie als Regisseur es vorgesehen haben. Spielen Sie den Film über die Verwirklichung Ihres Lebenstraums bei jeder Gelegenheit durch – mehrmals täglich und so lange, bis Sie am Ziel sind. Und das wird geschehen. Sie wissen ja:

Gedanken und Vorstellungen haben das Bestreben, sich zu realisieren!

Ich weiß, dass Sie es schaffen, und dabei wünsche ich Ihnen viel Freude und Erfolg!

Ihr

Peter F. Kinauer

Der Autor

Peter F. Kinauer ist Erfolgs- und Motivationstrainer. Mehr als 200.000 begeisterte Zuhörer bei Seminaren und Vorträgen in Österreich, Deutschland, der Schweiz und Italien wenden Peter F. Kinauers Strategien mit großem Erfolg an. Zu seinen Kunden zählen rund 500 Firmen wie z. B. Telekom Austria, Bank Austria Creditanstalt, Post AG, Tele2UTA, AWD, Roche Austria, Generali, Raiffeisen, Olympus, Viessmann International, BÄKO, Takeda-Pharma, Uni Linz, IMC Fachhochschule Krems.

Seine Bücher „L(i)ebe das Leben", „Mit Power aus der Single-Falle", „Wie Sie sich das Leben gründlich versauen", „Auf der Spur der Sieger", „So werden Sie zum Sieger" und „Verkaufspower" haben sich ausnahmslos zu Verkaufserfolgen entwickelt und wurden zum Teil auch in andere Sprachen übersetzt.

Millionen haben ihn im Fernsehen gesehen und im Radio gehört (mehr als 100 TV-Sendungen wie „Willkommen Österreich", „Vera", „Help TV", „€co-Journal", „Konflikte" sowie unzählige Rundfunkauftritte bei Ö1 und Ö3, Radio Wien, OÖ, Burgenland, NÖ, Steiermark, Radio Bremen, Radio Hamburg, Bayern 3, SW3 und Radio Bozen, Radio Marbella). Absoluter Publikumshit ist Kinauers Seminar-Kabarett „Anleitung zum Misserfolg".

Seine Power-Vorträge „Die 21 Strategien des Erfolgs", „Funky Business – Unternehmensstrategien begeistert umsetzen", „CEO yourself – Managen Sie sich selbst" finden ein begeistertes Publikum.

Kontaktadresse:
Kinauer Training
Jagdschloßgasse 79
A 1130 Wien
Tel.: 00 43/1/877 11 00
Fax: 00 43/1/877 11 00-11
E-Mail: training@kinauer.com
Internet: www.kinauer.com

Stichwortverzeichnis